KB048195

살짝 떨어져
사는 연습

CHIKASUGIZU, TOSUGIZU. TANIN NI FURIMAWASARENAI HITOZUKIAI NO
GOKUI
©Shunmyo Masuno 2017
First published in Japan in 2017 by KADOKAWA CORPORATION, Tokyo.
Korean translation rights arranged with KADOKAWA CORPORATION, Tokyo
through Korea Copyright Center Inc.

이 책은 (주)한국저작권센터(KCC)를 통한 저작권자와의 독점계약으로 포레스트북스
에서 출간되었습니다. 저작권법에 의해 한국 내에서 보호를 받는 저작물이므로 무단
전재와 복제를 금합니다.

살짝
떨어져
사는
연습

마스노 슌묘 지음 | 전선영 옮김

포레스트북스

바꿀 수 없다면,
이제 그만 내버려 둡시다

'저 사람 때문에 너무 힘들어······.'

여러분도 한 번쯤은 이런 생각을 한 적이 있지 않나요? 내 마음에 들지 않는 가족과 친구, 함께 있어도 외로운 연인, 까다로운 직장 상사와 무능한 선배, 일하는 센스가 영 부족한 후배 등 자신을 둘러싼 복잡한 관계 속에서 고민 하나 없는 사람은 아마 드물겠지요. 실제로 우리가 살아 가면서 겪는 고민 중에 약 90퍼센트는 인간관계에서 비 롯됩니다.

인간관계가 유독 힘든 이유는 '상대'가 있기 때문입니다. 나 혼자만의 힘으로 되는 것이 아니지요. 이를테면 상대를 위한다고 한 일이 괜한 참견이나 오지랖이 될 때가 있습니다. 가만히 지켜보는 게 낫겠다 싶어 그냥 두었더니 쌀쌀맞다며 섭섭해하지요. 내 나름대로는 상대를 생각해서 배려한 일이었으나 정작 상대는 전혀 다르게 받아들인 겁니다.

선(禪)에서는 내 힘으로 어떻게든 되지 않는 것을 어떻게든 되게 하려는 데서 고통이 생겨난다고 봅니다. 인간관계 역시 마찬가지지요. 이미 바꿀 수 없는 상대를 바꾸어 보려고 애쓰는 데서 욕심과 집착이 생겨나고, 그 고통은 결국 고스란히 자기 자신에게 되돌아옵니다.

나에게 속하지 않은 것, 내 뜻대로 바꿀 수 없는 것들은 그냥 내버려 둡니다. 다만 나에게 속한 것, 즉 내가 바꿀 수 있는 것들을 힘써 행하면 그만입니다.

인간관계에서 내가 바꿀 수 있는 것은 '상대와의 거리'입니다. 거리만 잘 조절하고 유지해도 '참견'은 '친절'이 되고, '무관심'은 '배려심'으로 상대에게 전해지지요.

그렇다면 어떻게 해야 적절한 거리를 찾아내고 마음 편한 인간관계를 유지할 수 있을까요? 정원 디자이너로도 활동 중인 저는 지금까지 여러 '선의 정원'을 만들어 왔습니다. 물론 정원마다 모습과 정취는 다르지만, 저는 선의 정원을 만들면서 한 가지 작은 깨달음을 얻었습니다.

선의 정원은 돌과 모래, 나무, 풀처럼 지극히 단순한 소재로만 구성됩니다. 소재 하나하나를 음미하며 고르는 일도 중요하지만, 제가 가장 마지막까지 심사숙고하는 일은 '소재와 소재 간의 거리'입니다.

돌과 나무 사이의 거리를 조금만 바꾸어도 선의 정원이 자아내는 정취가 완전히 달라지기 때문입니다. 돌과 나무 사이의 거리가 너무 가까우면 경치가 답답해지고, 또 너무 멀면 어딘가 지루하고 긴장감이 떨어지지요.

'거리가 정원의 정취를 바꾼다.'

이것은 인간관계에도 적용되는 이야기가 아닐까요? 그 깨달음에 영감을 얻어 거리에 시선을 두고 인간관계를 고찰한 책이 바로 『살짝 떨어져 사는 연습』입니다.

이 책을 쓰는 동안 선의 정원을 만드는 일과 인간관계

가 생각보다 많은 공통점이 있다는 사실을 알게 되었습니다. 선의 정원을 아름답게 만드는 사고방식과 방법은 기분 좋은 인간관계를 만드는 데도 유용하게 활용할 수 있습니다. 바로 그 핵심을 이 책에 담아냈지요.

현대 사회는 기술의 발달로 SNS 등을 통해 누구나 쉽고 간단하게 인간관계를 맺을 수 있습니다. 반면에 인간관계로 고민하거나 힘들어하는 사람들도 점점 늘어났지요. 이 책은 인간관계에서 겪는 다양한 문제들을 근본적으로 해결하기 위한 새로운 접근법이 될 것입니다.

옛 선승의 가르침에 이런 말이 있습니다.

선즉행동(禪即行動)

선(禪)은 행동, 즉 생각하기보다 우선 움직인다는 뜻입니다. 실천을 가장 중요하게 여긴다는 의미지요. 여러분도 책을 읽고 나서 바로 행동으로 옮겨 보시기 바랍니다. 그리하여 타인에게 휘둘리는 인생은 오늘로 끝내고 자신의 인생을 살아갑시다.

제2장 왜 유독 인간관계가 피곤하고 힘든 걸까?

제4장 너무 가깝지도 너무 멀지도 않게,
　　　 적절한 거리 유지하기

제5장 거북한 사람을 내 편으로 만드는 법

인간관계는
마치 선의 정원과도 같다

선의 정원에서 발견한 7가지 깨달음

선(禪)은 본디 참된 나를 만나는 것입니다. 아무 형식도 없고 눈에 보이지도 않습니다. 그 보이지 않는 세계를 형태로 치환한 것이 바로 선의 예술이며, 선의 정원도 그중 하나이지요.

선의 정원은 절대적인 진리를 몸소 체득하는 수행에 힘써 자신을 비웠을 때, 비로소 그 형태를 갖추어 완성됩니다. 한마디로, 선의 아름다움이 표현된 공간이라고 할 수 있습니다.

그렇다면 '선의 아름다움'은 정확히 무엇을 말하는 걸까요? 참선에 조예가 깊었던 철학자이자 불교학자인 고(故) 히사마츠 신이치 선생은 선이 지닌 아름다움을 '불균제(不均齊)', '간소(簡素)', '고고(枯高)', '자연(自然)', '유현(幽玄)', '탈속(脫俗)', '정적(靜寂)'으로 분류했습니다. 바로 이 일곱 가지 아름다움이 조화를 이루면서 하나로 녹아들어 표현된 공간 예술이 선의 정원이지요.

선의 정원은 구석구석 어디에서나 일곱 가지의 아름다움이 숨 쉬고 있습니다. 서로 녹아들며 결코 조화를 잃지 않습니다. 정원에서 느껴지는 그윽하고 아름다운 자태와 고요하면서 상쾌한 분위기 모두 이 일곱 가지 아름다움이 하나로 조화를 이룬 데서 비롯된 것이지요.

인간관계도 마찬가지로 조화가 중요합니다. 조화가 깨지면 문제가 생기기 마련이지요. 마치 일곱 가지의 아름다움이 살짝 어긋나기만 해도 정원의 정취와 분위기가 완전히 달라지는 것처럼, 인간관계도 조화를 잃으면 문제가 생기고 맙니다.

이는 다시 말해, 선의 정원을 이루는 일곱 가지의 아

름다움을 인간관계에도 적용하면, 자신을 둘러싼 수많은
관계를 얼마든지 기분 좋고 마음 편하게 만들 수 있다는
뜻입니다.

불균제, 완벽하지 않아서 아름답다

고르고 가지런하게 정돈된 상태를 '균제(均齊)'라고 합니
다. 좌우가 대칭을 이루어 완벽하게 균형이 잡힌 상태를
말하는데, 선의 세계에서는 균제를 아름답게 보지 않습
니다. 오히려 균형을 깨뜨린 '불균제'의 아름다움을 추구
하지요.

　균제는 이미 완성된 상태, 즉 어떤 변화도 기대할 수
없는 마지막 모습입니다. 완성이 되었기 때문에 그다음
단계로 뛰어넘을 모든 가능성이 끝나 버린 셈이지요.

　옛 선승의 가르침에 이런 말이 있습니다.

백척간두진일보(百尺竿頭進一步)

백 척(약 30미터) 높이의 긴 장대 끝에 섰으니 가장 높은 경지에 다다랐지만, 그래도 '한 걸음 더 나아가자'는 의미입니다. 완성(균제)에 머무르지 말고 이를 뛰어넘는 불균제를 지향하라는 말이지요.

또한 선에서는 사물이 불균제일 때야말로 만든 사람의 철학과 정신이 반영된다고 여깁니다.

예를 들어 서양 도자기와 일본 도자기를 비교해 보면 그 차이가 분명하게 드러납니다. 서양 도자기는 형태나 디자인 면에서 어디 하나 흐트러짐 없이 완벽한 균형을 이룹니다. 서양 사람들은 이러한 상태를 아름답다고 여기기 때문이지요.

반면 일본 도자기는 서양 도자기와 전혀 다른 정취를 자아냅니다. 바라보는 방향에 따라 어딘가 미묘하게 일그러져 보이기도 하고, 만지는 사람마다 조금씩 다른 감촉을 느끼기도 하지요. 불균제에 만든 이의 의도가 표현되어 있는 것입니다.

또 유약을 칠하는 방법이나 도자기를 굽는 가마의 온도, 도자기에 불이 닿는 방법에 따라서도 만듦새가 달라집니다. 만든 사람의 손길이 닿지 않는 요소까지 더해지므로 더욱 아름답습니다.

이처럼 불균제는 보는 이의 상상력을 부추깁니다. 백 명이 백 가지의 아름다움을 느낄 수 있지요. 완전하지 않기에 무한한 가능성을 지니는 것입니다.

간소, 소박하여 질리는 법이 없다

교토 료안지 사찰에 위치한 '돌 정원'을 아시나요? 정원 다섯 군데에 돌 열다섯 개를 배치한 뒤 흰모래에 빗질 자국만 낸 가레산스이(枯山水, 물 없이 돌과 모래로 대자연을 표현하는 일본 정원 양식 – 옮긴이) 정원입니다.

지극히 간소한 정원이지만, 계속 바라보아도 질리는 법이 없습니다. 오히려 보면 볼수록 그윽함이 느껴지고 긴장감이 더해지지요.

선의 정원을 만드는 일 중에 가장 기본은 군더더기를 덜어 내는 일입니다. 깎고 깎아서 더 이상 깎아 낼 것이 없을 때 비로소 정원이 완성되지요.

이 과정에서는 어떤 소재도 가공하지 않습니다. 가령 돌이라는 소재를 예로 들어 보겠습니다.

우선 돌을 있는 그대로 놔둔 채 위아래와 앞뒤, 모든 방향에서 돌의 표정을 관찰합니다. 그런 다음 돌의 표정이 가장 풍부하게 드러난 면을 '얼굴'로 두고, 잘 보이도록 앞에 둡니다. 이렇듯 돌 하나를 놓더라도 그 돌이 가진 매력을 최대한 끌어내기 위해, 오랜 시간을 두고 궁리를 거듭해 돌의 표정을 읽습니다.

동양의 수묵화에서도 간소의 아름다움을 발견할 수 있습니다. 그림물감을 덧칠해 나가는 서양 회화와 달리 수묵화는 먹의 농담만으로 다양한 색을 표현합니다.

'먹물은 다섯 가지 색을 품고 있다'는 말이 있습니다. 여기서 다섯 가지 색은 다양한 색이라는 뜻으로, 사람마다 먹물의 농담이 각각 다른 색으로 보인다는 말입니다. 화려하지 않고 단순하며, 복잡하지 않고 간소하기에 더욱 끝없이 상상력을 부풀릴 수 있는 것입니다.

고고, 쉽게 흔들리지 않는다

고고란 '바짝 말라 강한 것'을 말합니다. 아름다움을 한번 돌파한 뒤 확고하게 존재하는 메마른 아름다움이지요.

늙은 소나무를 떠올려 봅시다. 지금은 다 늙고 시들었을지라도 한때는 길게 뻗은 가지 위로 싱싱하고 푸른 잎이 무성했을 것입니다. 다만 오랜 세월, 눈보라와 비바람을 견디며 그 기세가 차츰 누그러져 왔을 테지요.

그러나 노송에게는 존재 자체만으로도 말할 수 없이 강력한 위엄이 느껴집니다. 젊은 소나무에게는 결코 느낄 수 없는 존재감이지요. 무수한 세월 동안 어떤 고난에도 꿈쩍하지 않고 역사를 살아온 '원숙한 강인함'이 그러한 정취를 만들어 냅니다.

선승이 남긴 붓글씨에서도 고고를 엿볼 수 있습니다. 그 글씨에는 표현하기 어려운 강력한 기운이 담겨 있지요. 오랜 세월 수행을 거쳐 다다른 마음의 경지가 떠오릅니다. 기세가 당당하고 박력이 넘치지만, 스스로 도취되어 뿜어내는 악취, 즉 '오취(惡臭)'라고는 눈곱만큼도 없습니다. 이것이야말로 제대로 된 고고의 자태겠지요.

또한 선어에 '고목용음(枯木龍吟)'이라는 말이 있습니다. 시들어 보이는 나무가 바람이 불면 마치 용처럼 매서운 소리를 낸다는 뜻으로, 이 말 역시 고고의 아름다움을 나타냅니다.

자연, 과시하는 마음을 버린다

저는 선의 정원을 만들 때 '이렇게 해야지'라고 미리 계산하지 않습니다. '이렇게 하면 보는 사람들이 감동하겠지' 하고 의도하면 나중에 결과물에서 그 계산이 드러나기 마련입니다.

자의적인 태도를 버리고, 어떻게 해야 이곳을 찾은 사람들이 만족할지 오로지 거기에만 집중하며 생각합니다. 그런 태도로 임해야 자연스러운 정원을 완성할 수 있으니까요.

일화개오엽(一花開伍葉) 결과자연성(結果自然成)

이 말은 '꽃 한 송이가 다섯 잎을 여니 이윽고 열매를 맺는다'는 뜻입니다. 꽃은 열매를 맺기 위해 핀 것이 아닙니다. 그저 자신의 본분대로 열심히 꽃을 피웠을 뿐, 나머지는 그대로 두었더니 저절로 열매가 맺힌 것이지요.

선의 정원을 만들 때도 그때그때 해야 할 일을 정성껏, 담담하게 실천하는 자세가 중요합니다. 그렇게 무심하게 임하여 완성한 선의 정원이야말로 만든 이의 마음과 역량을 자연스럽게 보여 주지요. 이것이 바로 선에서 말하는 자연, 즉 '꾸밈없음'입니다.

선의 정원은 만들 때만이 아니라 완성한 뒤에 관리할 때도 꾸밈이 없어야 합니다. 교토의 한 정원사는 제가 만든 선의 정원을 관리할 때 흔적이 뻔히 보이게 손질하지 않습니다. 그저 뻗친 가지나 이파리를 있는 그대로의 모습에 맞춰 다듬을 뿐이지요. 자세히 살펴보지 않으면 어디를 다듬었는지 알 수 없을 정도로 아주 능숙하게 손질합니다.

사람은 누구나 자아를 지니기에 과시하고 싶은 마음이 생기기 마련입니다. 그래도 되도록 버려 갑니다. 완전히 떨쳐 낼 수는 없더라도 마음을 비우고 최대한 자연스러운 모습을 보여 줍니다.

유현, 보이지 않는 것을 상상한다

일본의 예술 문화에는 면면히 내려오는 전통이 있습니다. 바로 '유현'이지요. 유현이란, '속 깊이 감춘 여운'이라는 뜻입니다.

이를테면 가부키에서 과한 표정이나 몸짓을 보여 주다가 한순간 움직임을 멈출 때가 있습니다. 말하자면 동작과 동작 사이에 간격을 두는 것인데, 관객은 동작이 멈춘 사이에 숨을 죽이고 그 의미를 느낍니다.

이처럼 유현은 보이지 않는 것을 상상하도록 유도하는 아름다움입니다. 그리고 선의 정원에서 간격에 해당하는 것이 바로 '여백'입니다. 아무것도 없는 공간, 즉 여백은 선의 정원을 이루는 중요한 구성 요소입니다.

정원을 보는 사람은 여백을 통해 만든 사람이 무엇을 표현하려 했는지 상상합니다. 그래서 선의 정원에서는 보이는 실물보다 보이지 않는 부분을 더욱 중요하게 여기지요. 여백을 통해 보는 사람이 마음속으로 자신만의 그림을 그릴 수 있도록 만드는 것도 이 때문입니다.

선의 정원에서 유현을 나타내는 것은 여백만이 아닙니다. 정원을 구성할 때 중심을 이루는 폭포 앞에 단풍나무를 심으면, 나뭇가지가 가볍게 흔들려서 나뭇잎 뒤쪽 풍경이 보였다 사라졌다 합니다.

전부를 드러내면 보는 사람이 "아, 여기 풍경은 이렇군" 하고 눈에 보이는 것만 보게 되지만, 일부를 가리면 상상할 부분을 남길 수 있습니다. 상상할 수 있기에 보는 사람에 따라 느끼는 풍경도 각각 다르지요. 이것이 바로 유현이 의도하는 아름다움입니다.

탈속, 얽매이지 않아 자유롭다

예로부터 전해져 내려오는 관례나 관습처럼, 세상에는 일정한 틀이 있습니다. 선에서 말하는 탈속은 세상이 정한 틀에 얽매이지 않고 자유로워지는 것을 말합니다.

칠복신(일본 민간 신앙에서 복을 가져다준다고 하여 숭상하는 일곱 명의 신 - 옮긴이) 가운데 '호테이(중국에 실존했던 선승 포대를 신격화한 신 - 옮긴이)'라는 신이 있습니다. 함박웃음을 지은 채 배를 쑥 내밀고 걷는 모습이 수묵화로도 많이 그려지지요.

호테이는 체면 따위에 신경 쓰지 않습니다. 그저 싱글벙글 웃으며 거리를 활보할 따름이지요. 짊어진 자루에는 시주 받은 물건들이 가득하지만, 시주를 받는다고 해서 자신의 처지를 슬퍼하는 기색은 찾아볼 수 없습니다. 그렇다고 비굴하지도 않습니다. 오히려 당당하지요.

이러한 호테이의 모습은 속세의 틀에서 벗어나 어디에도 얽매이지 않는 자유로운 선의 아름다움, 즉 탈속을 보여 줍니다.

선의 정원에서도 탈속의 아름다움을 찾을 수 있습니다. 이른 아침, 교토의 사이호지 정원을 보신 적이 있나요? 아침 안개가 자욱한 정원에는 정적이 가득한데, 촉촉히 젖은 푸른 이끼와 나무 사이로 아침 햇살이 몇 가닥 비껴듭니다. 그 풍경이 자아내는 늠름한 고요함, 그야말로 탈속의 세계가 펼쳐집니다.

공자는 『논어』에서 이런 말을 했습니다.

열다섯에 학문에 뜻을 두었고, 서른에 우뚝 섰으며, 마흔에 미혹되지 않았고, 쉰에 천명을 알았다. 예순에 이르러 듣는 귀가 순해졌고, 일흔에는 마음이 하고자 하는 대로 따라도 법도에 어긋나지 않았다.

공자는 일흔에 이르러 비로소 자기가 생각하는 대로 행동했지만 도리나 진리에 어긋나는 일은 없었다고 말합니다. 공자 역시 탈속의 아름다움과 중요성을 깨달았고, 그 가르침을 세상에 전하고 싶었던 게 아닐까요?

정적, 평온한 마음을 유지한다

일반적으로 정적은 한없는 조용함을 뜻합니다. 하지만 선에서 말하는 정적은 소리가 일절 없는 고요를 뜻하지 않습니다. 선에서는 자기 안으로 향하는 마음 즉, 내면

의 고요를 느끼는 것을 정적이라고 말합니다. 그래서 정신을 모아 집중하면 떠들썩한 도심 한복판에서도 정적을 느낄 수 있지요.

사람은 살다 보면 아무래도 욕심과 집착이 생겨나기 마련입니다. 그래서 선종에서는 '좌선'이라는 수행법을 통해 욕심과 집착을 억제하고 지워 나가는 훈련을 합니다. 가만히 앉아 좌선을 하면 마음이 편안해지고 맑아집니다. 이때 새소리, 바람 소리, 나뭇잎이 흔들리는 소리 등 평소에는 의식하지 못했던 자연의 소리가 들려오지요. 선에서 말하는 정적이란 바로 이런 고요함을 뜻합니다.

일본 에도 시대에 임제종(臨濟宗)을 다시 일으킨 승려로 유명한 하쿠인 선사는 이런 말을 남겼습니다.

움직임 속에서 수행에 정진하는 것이
조용함 속에서 정진하는 것보다 천 억 배 낫다.

하쿠인 선사의 말은 어디에 있더라도 정적을 느낄 수 있도록 수행에 더욱 힘쓰라는 뜻입니다. 청소를 하거나 식사를 하는 것처럼 몸을 움직이고 있을 때도 좌선을 할 때와 같이 고요하고 평온한 마음을 유지할 수 있다면 더할 나위 없이 훌륭하다는 의미이지요.

저 역시 선의 정원을 만들 때마다 마음이 맑아지는 터, 정적을 느낄 수 있는 장소를 항상 만들어 놓습니다. 머무르는 이가 가만히 서서 풍경을 바라보며, 고민이나 잡념을 훌훌 흘려보내길 바라는 마음을 담아서 말이지요.

제2장

왜 유독 인간관계가
피곤하고 힘든 걸까?

상대가 나에게 맞춰 주길
기대하는가?

| 불균제에서 배우다

듣기 좋은 말만 하는 사람은 위험하다

듣기 좋은 말만 해 주는 상대와는 물 흐르듯 자연스럽게 친해지기 마련이지만, 사사건건 간섭을 하거나 듣기 싫은 소리만 해대는 상대라면 어쩐지 껄끄러워 멀리하게 됩니다. 누구나 칭찬을 들으면 기분이 좋고, 지적을 받으면 불쾌해지는 것이 당연하니까요.

만약 여러분이 거북해하는 상대가 이유 없는 비난과 공격을 일삼는 사람이라면, 굳이 스트레스를 참으면서까지 그와 잘 지내지 않아도 됩니다.

하지만 단지 껄끄럽고 불편하다는 이유만으로 상대를 멀리하거나 피하고 있다면, 그와의 관계를 한번쯤 돌아볼 필요가 있습니다.

가령, 질책만 하는 직장 상사 때문에 고민이라고 해 봅시다. 엄격하게 지적하는 모습만이 그의 전부는 아닐 것입니다.

다시 말해, 상사의 다른 면을 찾아보자는 말입니다. 기왕이면 내가 곤경에 처했을 때 상사가 했던 말이나 행동을 떠올려 보면 좋겠지요.

이를테면 회사에서 업무상 큰 실수를 저질렀을 때, 상사가 대신 나서서 해결해 준 적은 없었나요? 혹은 소중한 사람을 여의고 커다란 상실감에 빠져 있을 때 그가 일부러 시간을 내어 찾아와 위로의 말을 건넨 적은 없었나요?

만날 때마다 일방적으로 비난만 쏘아 대는 사람이라면 문제는 내가 아니라 상대에게 있을 가능성이 높습니다. 그런 사람들은 대부분 자신감이 부족해서 공격적인 언행을 통해 상대보다 우위에 있다는 사실을 확인하고 싶어 하는 경향이 있습니다. 그렇게 해서 심리적으로 안심하려는 것이지요. 그러니 만약 상대가 그러하다면 듣기 싫은 소리도 가볍게 흘려 넘기면 그만입니다.

하지만 앞서 예로 든 직장 상사의 경우는 다릅니다. 그럴 때는 상사가 지적한 말에 기분 나빠하기보다 그가 한 말을 곰곰이 되짚어 생각해 봐야 합니다. 듣기에는 거북할지라도 그의 지적이 내가 업무상 가진 문제점을 간파했을 가능성이 높기 때문이지요.

그렇다면 상사는 나를 성장하게 도와주는 고마운 사람입니다. 대하기 불편하다고 단정 짓고 멀리할 게 아니라 겸손한 마음으로 지적을 받아들이고 배워야 하는 상대인 것입니다.

듣기 좋은 말만 해 준다고 해서 좋은 인간관계를 맺을 수 있는 상대가 아닙니다. 때로는 내가 미처 몰랐던 부분을 엄격하게 지적해 주는 사람, 내가 어려움에 처했을 때 제 일처럼 다가와 주는 사람, 그런 사람이야말로 여러분이 진정으로 좋은 인간관계를 맺을 수 있는 상대입니다.

색안경을 벗으면 비로소 보이는 것들

제가 선의 정원을 만들 때마다 떠올리는 가르침이 하나 있습니다.

산은 산이요, 물은 물이로다.

이 말은 산은 산으로서 본분을 다하고, 물은 물로서 본분을 다한다는 뜻입니다. 산이 물더러 '산이 되어라' 하고 강요하지도 않거니와 물이 산에게 '물이 되어라' 하고 가르치지도 않습니다. 그저 산은 산 대로, 물은 물 대로 자연 속에서 공존하고 있을 뿐이지요. 이렇듯 자연이 공생하는 모습에서 우리는 인간관계의 기본이 되는 중요한 깨달음을 얻을 수 있습니다.

혹시 상대가 여러분에게 산이 되길 강요하나요? 그렇다면 상대는 산일 가능성이 높고, 혹은 산이라는 가치관을 최우선으로 생각하고 있을 것입니다. 하지만 여러분이 물이라면, 상대가 강요한다고 해서 산이 될 수 없을뿐더러 군이 산이 되려고 애쓸 필요도 없습니다. 물은 그저 물로서 본분을 다할 때 아름다운 법이니까요.

이는 반대로 내가 전부 옳다고 할 만한 일도 없고 내 가치관이 절대적이라고 할 만한 일도 없다는 것과 마찬가지입니다. 이런 마음가짐으로 상대를 대하면 지금까지 불편하다고 꺼려졌던 상대에게도 배울 점을 충분히 발견할 수 있을 것입니다.

사람은 다양한 면을 지닌 존재입니다. 회사에서는 늘 호통 치며 주의만 주던 사람이 일상에서는 자원봉사 활동을 하며 사회적 약자를 돌보기도 하고, 잔소리 심한 교사가 알고 봤더니 소중한 제자를 잃은 과거가 있고 그것이 잔소리하는 원인이 되었다는 일도 있을 겁니다.

아무리 싫은 상대일지라도 불편한 느낌은 그 사람의 일면일 뿐입니다. 그 한 가지 면만 보고 상대의 인성 전체를 판단한다면, 좋은 인연이 될 수도 있는 기회를 스스로 놓쳐 버리는 것과 마찬가지입니다.

나부터 먼저 색안경을 벗어 보는 게 어떨까요? 상대에 대한 좋지 않은 감정이나 부정적인 편견을 내려놓고 다른 면을 관찰하며 상대의 장점을 찾아봅시다.

상대의 다른 면을 알게 되면 '늘 지적만 하는 상사'에서 '나에게 관심이 많은 상사'로 바뀌게 됩니다. 피곤하게 여겨지던 그의 예민한 성격 덕분에 사내가 항상 깨끗하게 정돈되어 있다는 사실을 발견할지도 모르지요. 그의 엄격한 말과 행동이 불편했지만, 덕분에 팀원 모두에게 공평하게 업무가 분장되거나 일이 척척 진행되는 것을 보고 새삼 고마움을 느낄 수도 있습니다.

상대의 장점을 발견했다면, 이번에는 직접 말로 표현해 보는 것은 어떨까요?

"부장님 덕분에 사무실이 항상 깨끗하네요."

"솔선수범하시는 부장님이 계셔서 든든합니다."

내가 먼저 겸손하게 포용하는 자세로 다가가면 상대 역시 나를 대하는 말투와 행동이 한결 부드러워질 것입니다. 그러다 보면 상대에게 느꼈던 불편하고 싫은 감정도 차차 사그라들겠지요.

내가 완벽하지 않듯이 상대도 완벽하지 않습니다. 사람은 누구나 찌그러지고 비딱한 구석이 있기 마련이지요. 흠집 있는 사람끼리 서로 얽힘으로써 생각지도 못한 인간관계의 이치도 알게 됩니다. '말은 타 보고, 사람은 사귀어 보라'는 속담도 있지 않습니까? 그러니 거북하다고 단정 짓는 것은 좀 더 나중에 해도 됩니다.

쓸데없는 것들에
신경 쓰지 않는가?

| 간소에서 배우다

관심을 받기 위해 억지로 꾸미지 말자

현대 사회는 기술의 발달로 소통할 수 있는 매체들이 다양해졌습니다. 전달하는 상대, 상황, 내용 등에 따라서 전화나 이메일을 주고받기도 하고, 페이스북이나 인스타그램 같은 SNS를 사용하면서 가볍고 편한 커뮤니케이션이 가능해졌지요.

이를테면 서로 얼굴을 맞대고 대화하기 불편한 상대 혹은 상황일 경우, 이메일이나 메신저를 이용하면 간단합니다. 또 부끄러움이 많거나 낯을 가리는 사람이라면 직접 만나는 것보다는 SNS를 통해 소통하는 편이 훨씬 마음이 편하겠지요.

하지만 간혹 지나치게 SNS에 얽매이는 사람들이 있습니다. 가령, 상대에게 메신저로 대화를 걸었는데 상대가 바로 읽지 않으면 혼자서 별의별 생각을 하며 불안해합니다. 또 내가 보낸 장문의 메시지에 상대가 달랑 이모티콘 하나로 대답해 버리면 괜히 무시당하는 느낌이 들어 불쾌해집니다.

페이스북이나 인스타그램처럼 다수의 지인과 소통하는 매체에서도 마찬가지입니다. 자신의 근황을 사진으로 찍어 올린 뒤 잠시도 스마트폰에서 눈을 떼지 않습니다. 누군가 '좋아요'를 눌러 반응을 보이면 그제야 안도합니다. 나중에는 '아, 이런 내용이 먹히는구나. 사진은 이런 느낌을 좋아하나 봐' 하는 식으로 사람들의 반응을 의식하고 집착하기 시작합니다.

실제로 딱히 좋아하지도 않으면서 관심을 받기 위해 자신을 속이고 꾸미는 것입니다. 그러다가 결국 본래의 자기 모습에서 점점 멀어지고 말지요.

직접 만나는 게 좋은 이유

선에는 '면수(面授)'라는 말이 있습니다. 상대에게 소중하고 진정한 마음을 전하려면 얼굴을 직접 마주해야 한다는 뜻입니다.

상대와 직접 만나면 커뮤니케이션의 폭이 넓어집니다. 말 이외에도 몸짓이나 표정을 소통의 도구로 활용할 수 있지요. 미소를 짓거나 고개를 끄덕이는 것만으로도 대화 분위기가 한결 수월해지고, 편안한 분위기 속에서 마음을 터놓다 보면 신뢰 관계도 쌓입니다.

뿐만 아니라 상대의 무의식적인 몸짓이나 표정, 목소리 억양 등을 통해 그의 기분과 상태도 쉽게 알아차릴 수 있습니다. 예를 들어 업무상 중요한 거래처 직원과 미팅을 한다고 합시다. 상대의 목소리가 갈라지고 연신 기침을 해 댄다면, 현재 그의 몸 상태가 별로 좋지 않다는 것을 단박에 알 수 있습니다.

그럴 경우, 걱정하는 말 한마디를 건네며 "오늘은 컨디션이 안 좋아 보이시니 중요한 사안은 다음에 만나서 다시 논의하시죠"라는 식의 판단을 할 수 있습니다. 사소해 보이지만 이로 인해 나의 첫인상이 바뀌고, 신뢰 관계가 쌓여 중요한 거래가 성사될 수도 있겠지요. 용건만 단순히 주고받는 이메일이나 메신저로는 절대 이룰 수 없는 성과입니다.

물론 새로운 소통 매체들이 무조건 나쁘다는 뜻은 아닙니다. 다만 이 매체들은 어디까지나 소통을 위한 도구일 뿐인데, 이것에 지나치게 의존하여 인간관계의 본래 목적이 사라질까 우려되는 것이지요.

여러분 중에도 SNS상에서의 '좋아요' 수에 얽매여 있는 분도 계실 겁니다. 한번 생각해 봅시다. 쉽고 편리한 소통 매체로 인해 오히려 인간관계 고민이 전보다 더 복잡해지고 늘지는 않았나요?

그렇다면 저는 다시 원점으로 되돌아가 보기를 권합니다. 깎고 깎아서 더 이상은 깎아 낼 것이 없을 때 비로소 선의 정원이 완성되듯이, 나를 관계에 얽매이게 만드는 모든 군더더기를 덜어 내자는 말입니다.

답은 아주 간단합니다. 가장 간소하고 심플한 커뮤니케이션 방법, 즉 상대를 직접 만나는 것입니다.

물론 시간과 장소를 정하는 과정이 번거로울 수 있습니다. 만났다 하더라도 본론으로 들어가기까지 주고받는 형식적인 인사가 부담스럽다는 분들도 있겠지요. 상대의 기분을 살피며 대화를 이끌어 가는 것 자체가 어색하고 불편할 수도 있습니다.

하지만 상대와 직접 만나면 정신적으로 편안해지고 마음에 여유가 생깁니다. 서로 얼굴을 마주하니 자신의 감정이나 모습을 애써 감추거나 거짓으로 꾸며 낼 필요가 없지요. 대화의 흐름이나 분위기를 살피어 하고 싶은 말을 더 효과적으로 전할 수도 있고, 반대로 내가 듣고 싶은 말을 상대로부터 자연스럽게 유도할 수도 있습니다.

미움받는 것을
두려워하지 않는가?

| 고고에서 배우다

언제나 중요한 것은 자기 자신

누구에게도 미움받고 싶지 않다는 것은 지극히 자연스러운 마음일지도 모르겠습니다. 기왕이면 미움받기보다는 사랑받는 쪽이 당연히 좋겠지요.

하지만 다른 사람의 부정적인 평가에 너무 신경을 쓰면 정작 자기 자신의 본래 모습을 잃고 맙니다. 미움받을까 봐 상대와 의견이 달라도 말을 꺼내지 못하고, 그건 아니라고 생각하면서도 찬성해 버립니다. 이런 일이 반복되면 결국 스트레스가 쌓여 인간관계가 갑갑하게 느껴집니다. 내 의지와 상관없이 누군가에게 보조를 맞춰 살아가게 될 테니까요.

언제나 중요한 것은 자기 자신입니다. 여러분이 정말로 걸어가야 할 길은 자신의 인생이지 타인의 인생이 결코 아닙니다. 미움받을 것이 두려워 자신의 본래 마음을 외면하지 마세요.

물론 일부러 미움을 사거나 불필요하게 상대와 대립할 필요는 없습니다. 하지만 단지 상대의 비위를 맞추기 위해 마음에도 없는 칭찬을 한다던가, 상대가 잘못한 일인데도 다툼이 커질까 우려되어 흐지부지 넘어간다면 훗날 자신만 더 피곤해질 뿐입니다.

회사나 지역 모임 같은 사회적 활동을 하다 보면, 다양한 유형의 사람을 만납니다. 이를테면 듣기 좋은 칭찬만 골라 해 비위를 맞추는 아첨꾼, 아무리 곤란한 상황에 처해도 약삭빠르고 빈틈없이 빠져나가는 처세꾼, 무조건 "네, 네" 하는 예스맨 등등. 얼핏 보면 능수능란하고 유연하게 인간관계를 쌓는 것처럼 보이지만, 어디까지나 임시방편에 지나지 않습니다.

한번 생각해 보세요. 나 자신을 버리고 오로지 상대에게 맞추어야 지속이 가능한 관계라면, 과연 그 관계를 건강하다고 볼 수 있을까요? 타협이 아닌 일방적인 희생만을 요구하는 상대라면 그 사람은 나에게, 더 나아가 나의 인생에 진실로 필요한 존재일까요?

정말 좋은 사람이라면 상대가 나에게 억지로 맞추고 있다는 사실에 미안해하거나 오히려 불편함을 느낄 것입니다. 서로가 마음 편히 진심으로 대하는 관계야말로 애쓰지 않아도 오래도록 유지할 수 있는 법이니까요.

솔직한 만큼 신뢰를 얻는다

어떤 사람들은 자신의 의견에 동조해 주지 않으면 대뜸 화부터 내거나 기분 나쁜 기색을 드러냅니다. 이런 감정적인 사람을 대할 때는 자신의 솔직한 생각을 터놓기보다는 일단 그에게 수긍하는 편이 관계 회복에 도움이 되는 것처럼 보일 때가 있지요.

조직생활에서는 특히 더합니다. 대세를 이루는 다수

의견에 바로 수긍하지 않고 소신을 밝힌다는 것은 말처럼 그리 쉬운 일이 아니지요. 자칫 눈치 없고 사회생활 못하는 사람으로 낙인찍힐 수 있으니까요.

하지만 인간관계에서 가장 중요한 것은 결국 '신뢰'입니다. 다시 말해 어떤 상황에서, 누구를 대하건 간에 자신의 의견을 솔직하게 밝힐 줄 아는 사람만이 주변 사람들에게 신뢰를 얻는다는 말입니다.

영합하지 않아서 미움을 받고 화를 산다 하더라도 신뢰를 얻을 수 있다면 그걸로 충분합니다. 신뢰야말로 인간관계의 핵심이기 때문입니다. 비록 의견이 부딪쳐도 영합하지 않는 자세에 신뢰감을 느끼는 상대도 있습니다. 그런 사람이야말로 기분 좋은 인간관계를 쌓을 수 있겠지요.

영합하지 않는 자세는 단순히 상대를 부정하는 일이 아닙니다. 사람은 저마다 가치관도, 생각도 전부 다릅니다. 각각 다른 사람이 만났으니 서로 부딪치는 게 당연하지요. 인정해야 할 점에서는 상대를 인정하되 자신의 생각을 관철하는 것, 이것이 영합하지 않는 자세입니다.

조직생활에서도 마찬가지입니다. 다수의 의견에 무조
건 동조하는 것이 협조적인 태도는 아닙니다. 조직의 정
해진 방향성에는 따르되 다른 의견이 있다면 과감히 소
신을 밝히는 것이 진정한 협조입니다.

봄에 꽃이 피면 자연스럽게 벌과 나비가 모여듭니다.
나무의 잎이 무성해지면 저절로 새들이 날아오지요. 그
리고 추운 겨울이 되면 벌과 나비, 새들은 다시 떠납니다.

인간관계도 이와 같습니다. 여러분 자신이 옳다고 생
각하는 길을 걸으세요. 그러면 거기에 매혹되는 사람이
자연스럽게 나타나기 마련입니다.

인맥을 마구잡이로 늘리지 않는가?

| 자연에서 배우다

친구의 수에 사로잡히지 않는다

요즘은 특히 친구는 많으면 많을수록, 인맥은 넓으면 넓을수록 좋다는 생각에 마구잡이로 인간관계를 맺는 사람이 점점 많아지는 듯합니다. 저는 이러한 현상을 나쁘다고 생각하지 않습니다. 다만 '친구의 수'에만 사로잡혀 있는 것은 문제이지요.

- 나는 훌륭한 사람이 되었으면 좋겠다.
- 나를 훌륭한 사람으로 봐 주었으면 좋겠다.

이 둘은 비슷해 보이지만 전혀 다른 의미입니다. 첫 번째처럼 본인 스스로가 훌륭한 사람이 되기를 바랄 경우에는 친구의 수에 별로 개의치 않습니다.

하지만 스스로가 남들에게 훌륭한 사람으로 보여지길 바라는 경우에는 내 주변에 친구가 얼만큼 있느냐에 굉장히 신경을 쓰게 되지요. 또 친구가 많아야만 자신을 좋게 평가하는 사람들이 늘어날 거라고 생각합니다. 본인 스스로가 이미 '친구가 많은 사람=좋은 사람'이라는 편견으로 다른 사람을 보기 때문에 남들도 나를 그런 식으로 평가할 것이라 생각하지요.

여러분도 종종 이런 말을 들어 봤을 것입니다.

"사회에서는 실력보다 인맥이지."

"일단 친구는 많고 봐야 해."

정말 맞는 말일까요? 물론 인맥이 넓으면 우연히 좋은 기회가 올 수도 있겠지요. 친구가 많다면 내가 곤란한 상황에 처했을 때 더 많은 도움을 받게 될지도 모릅니다.

하지만 뜻하지 않은 행운과 인연은 누구에게도 그리 쉽게 찾아오지 않습니다. 잘 알지도 못하는 상대에게 귀한 시간과 에너지를 쏟는 사람은 극히 드물지요. 한밤중에 전화를 걸어서 어려운 부탁을 할 수 있는 사람이 그중에 과연 몇이나 될까요?

다시 말해, 필요에 의해 혹은 무언가를 기대하여 무턱대고 친구를 사귄다거나 인맥을 넓히는 데 힘쓸 이유가 없다는 말입니다.

겉으로만 그럴듯해 보이는 것들에 신경 쓰기보다 있는 그대로의 마음으로 인간관계를 쌓으시길 바랍니다. 거짓된 자신을 연출하여 주변의 호감을 얻는 데 힘쓰지 말고, 평소 나를 진심으로 걱정하고 도와주는 사람과의 관계를 되돌아 보세요. 과연 몇이나 되나요? 바로 그 사람들이야말로 여러분이 지켜야 할 진정한 친구이자 소중한 인맥입니다.

함께 나누어 가지고 싶은 사람

모든 인간관계는 기본적으로 서로 가지고 있는 생각이나 뜻이 통할 때 시작됩니다. 이것을 '의사소통'이라고 하지요.

의사소통은 영어로 '커뮤니케이션'이라고 하는데, 이 단어는 원래 라틴어 'communicare'에서 유래된 것으로 '함께 나누어 가지다'라는 뜻입니다.

이제 어원의 뜻을 기억하며 친구와 인맥의 개념을 다시 생각해 봅시다. 비싸고 귀한 제철 과일을 선물 받았다고 했을 때, 여러분이 흔쾌히 나누어 주고 싶은 상대는 누구인가요? 애써 의식하지 않아도 그냥 자연스럽게 떠오르는 사람은 누구인가요?

좀 더 일반적인 예를 들어 보겠습니다. 여러분에게 기쁜 일이나 혹은 힘든 일이 생겼을 때, 가장 먼저 떠오르는 사람은 누구인가요? 아마 사랑하는 부모님이나 아이 또는 남편이나 연인, 친한 친구나 동료처럼 가까운 사람들이겠지요. 필요에 의해 맺은 관계나 SNS에서 만난 사람의 얼굴이 떠오른다는 사람은 없을 겁니다.

이번에는 이런 상상을 해 보면 어떨까요. 여러분 앞에 몹시 괴로워하는 사람이 있습니다. 마치 내 일처럼 마음이 아파서 그 슬픔을 함께 나누어 짊어지고 싶습니다. 그 사람이 과연 누구인가요?

반대로 누군가 무척 기뻐하는 사람이 있습니다. 역시 내 일 같아서 그와 함께 진심으로 기쁨을 누리고 싶습니다. 자, 그 사람은 과연 누구인가요?

　함께 나누어 가지다, 즉 내가 마음을 기꺼이 나누어 주거나 또는 기꺼이 나누어 받고 싶은 사람. 인생에는 마음을 활짝 열고 깊게 이야기를 나눌 수 있는 친구가 한두 명이라도 있으면 그걸로 충분합니다.

　있는 그대로의 나, 있는 그대로의 상대를 자연스럽게 받아들이세요. 그러면 서로 마음을 터놓고 함께 나눌 수 있는 상대가 누구인지 분명해집니다. 여러분이 고민하는 친구의 수 또는 인맥의 범위도 거기에 자연스럽게 맡겨 두면 될 일이지요.

할 말이 없으면
불안해하지 않는가?

│ 유현에서 배우다

말솜씨는 서툴러도 괜찮다

유독 남들과 대화하기를 힘들어하는 사람들이 있습니다. 딱히 상대가 싫어서가 아니라 다른 사람과 만나고 이야기하는 상황 자체가 불편하고 어색하기 때문이지요.

누군가와 대화를 할 때 보통 '무슨 말해야 하나', '어떻게 대답해야 저 사람이 좋아할까', '이런 말을 하면 분위기를 망치지 않을까' 하고 눈치를 살피느라 정작 상대가 하는 말은 놓치는 경우가 많습니다.

사람이 사용하는 의사소통 방법 중에 약 70퍼센트를

차지하는 것이 '말'이라고 합니다. 그래서 그런지 빼어난 말솜씨가 세상살이에 큰 도움이 되는 중요한 능력이라고 여기는 사람들이 많은 듯합니다.

하지만 말솜씨는 서툴러도 괜찮습니다. 말이 많고 언변이 뛰어나다고 해서 반드시 사람을 잘 사귀는 것은 아니니까요. 오히려 말이 너무 많으면 불필요한 말을 꺼내어 원하지 않았던 상황을 겪기도 합니다.

가령, 어색한 분위기를 없애 보겠다고 농담을 던졌다가 '나를 실없는 사람으로 생각하면 어쩌지?' 하고 뒤늦게 걱정하거나, 물어보지도 않은 개인사를 혼자 늘어놓고는 헤어지고 나서 '이런 얘기까지 하고 싶진 않았는데……'라며 후회하는 것처럼 말입니다.

또 상대를 공격하려고 했던 말이 전혀 아닌데 결과적으로 상대의 마음에 상처를 입히고, 뜻하지 않은 다툼으로 이어지기도 하지요.

말이라는 것이 그렇습니다. 하고 싶은 말을 바로바로 내뱉으면 하지 않아도 될 말이 늘어납니다. 불필요한 말이 더해질수록 자신의 본래 생각에서 점점 멀어지지요.

그러면 이야기를 하는 쪽이나 듣는 쪽이나 마음이 영 답답하고 불편해집니다.

앞에서도 말했지만 저는 선의 정원을 만들 때 땅에 돌을 빈틈없이 깔거나 나무를 빽빽하게 심지 않습니다. 아무것도 없는 공간, 즉 여백이 정원의 정취를 자아내기 때문이지요. 여백이 있기에 선의 정원을 보는 사람은 눈에 보이지 않는 부분을 저마다 상상하면서 감상할 수 있습니다.

대화도 마찬가지입니다. 말의 여백 혹은 사이는 '침묵'이지요. 침묵에는 보이지 않는 강한 힘이 존재합니다. 때로는 자신의 기분이나 생각을 말보다 더 오롯하게 전하지요. 이것이 바로 침묵이 주는 위대함입니다.

꼭 하고 싶은 말을 다 해야 할까?

요즘은 SNS 같은 매체를 통해 간단한 방식으로 자유롭게 의사 표현할 수 있습니다. 이렇듯 가벼운 마음으로 메시지를 주고받다 보니 악성 댓글에 공격을 받기도 하고,

반대로 말실수를 저지르기도 쉽지요. 굳이 말을 꺼내서 얻는 것보다 잃는 게 더 많은 셈입니다.

말은 많이 한다고 해서 좋은 것이 아닙니다. 정말 사람을 잘 사귀는 사람들은 불필요한 말을 하지 않고, 적은 말로도 주위 사람들의 마음을 온화하게 해 줍니다. 나의 진심이 제대로 전달되기만 하면 아무리 말수가 적어도 반드시 상대의 마음에 닿기 때문입니다.

이를테면 음식을 대접해 준 상대에게 '애써 준비해 주었는데 무슨 말이라도 해야겠다'는 마음으로 칭찬을 읊어 댄들, 진심이 깃들지 않으면 아무 소용이 없습니다. 그럴 때는 차라리 "정말 고맙습니다"라는 성의 있는 말 한마디면 충분합니다. '정성껏 음식을 만들어 준 덕분에 맛있게 잘 먹었다'는 감사의 표현을 진심을 담아 온전하게 전하면 됩니다.

하고 싶은 말을 다 하지 않는 것은 인간관계를 좋은 방향으로 이끌어 줍니다. 상대에게 하고 싶은 말을 다 해 버리면 결국 잔소리가 되고, 그러면 상대는 오히려 나를 꺼려해 사이가 삐걱거리기 마련이지요.

아무 말 없이 가만히 상대의 이야기를 들어 주세요. 그런 속 깊은 배려가 상대로부터 대화를 이끌어 냅니다. 동시에 '뭐든지 털어놓을 수 있는 사람'이라는 깊은 신뢰로도 이어지지요.

"그건 너무 위험하고 무모해."

"아무리 해 봤자 결국 너만 손해일 거야."

상대를 진심으로 위하고 아낀다면 이런 말들로 이러쿵저러쿵하기보다 그저 응원하는 마음으로 조용히 지켜봐 주세요. 그러다 상대가 넘어지면 그때 달려가서 슬쩍 도와주면 그만입니다.

해야만 한다는
강박관념이 있는가?

| 탈속에서 배우다

도무지 관계가 나아지지 않는다면

회사에서 동료와 함께 업무를 하다 보면 삐꺽거리는 일들이 종종 생깁니다.

'간단히 처리하면 될 일을 되게 복잡하게 만드네!'

'중요하지도 않은 일에 왜 저렇게 매달리지?'

상대를 내 잣대에 끼워 맞추고, 거기서 벗어나면 마치 대단히 문제가 있는 사람처럼 간주해 버리지요. 하지만 사람은 저마다 관점과 사고방식이 다르고, 가치관도 당연히 다릅니다. 그 차이를 인정하고 너그럽게 받아들이는 것, 이것이 좋은 인간관계를 가지기 위해 지녀야 할 기본적인 자세입니다.

비유를 한번 들어 보겠습니다. 불과 물, 공기는 모두 사람이 생활하는 데 반드시 필요합니다. 하지만 불은 물을 가까이하면 꺼져 버리고, 물은 공기에 닿으면 말라 버리지요. 또 불은 공기가 없으면 계속 타오를 수 없습니다.

불과 물, 공기처럼 사람은 누구나 저마다 역할을 지니기에 존재 가치가 있습니다. 하지만 거리를 잘못 재면 서로가 서로를 망가뜨리고 말지요.

그렇다면 적당한 거리란 어떻게 알 수 있을까요?

정해진 시간마다 연락을 꼬박꼬박 잘하고, 언제나 찰싹 붙어 있길 좋아하는 애인이 있습니다. 만약 내가 시간이 남아 돌고 마음에 여유가 있는 상태라면, 그런 애인이 더없이 자상하고 고맙게 여겨지겠지요. 하지만 갑자기 회사 일이 바빠져 시간적으로나 심리적으로 여유가 없다면 애인의 행동이 성가시고 귀찮게 느껴질 것입니다.

또 소개팅에 나갔는데 나에게 잘 보이려고 계속 칭찬을 해 대는 상대를 만났습니다. 이럴 경우, 나 역시 상대에게 호감을 느낀다면 그 모습을 긍정적으로 받아들이겠지만, 호감이 없다면 부담스러워하며 거리를 두겠지요.

이외에도 미용실에 갔을 때 어느 날은 미용사와 거리낌 없이 이야기하는 반면 또 어떤 날은 미용사가 말을 걸어오지 말았으면 하는 때가 있습니다. 상대는 언제나 똑같이 나를 대하는데, 이를 받아들이는 나의 마음가짐에 따라 거리를 달리 두는 것입니다.

혹시 잘 지내고 싶어도 도무지 관계가 나아지지 않는 상대가 있나요? 그렇다면 그 사람을 원망하고 집착하지 말고 그를 대하는 나의 마음가짐을 돌아보기 바랍니다. 과연 사심 없이 순수한 마음으로 상대를 대하고 있는지, 그 사람을 가까이하고자 하는 목적이나 계산적인 이익 따위가 있는지 등을 자신에게 솔직하게 물어봅니다.

사람을 대할 때는 어떤 꿍꿍이나 속셈이 있어서야 잘될 리가 없습니다. 그러니 상대와 만나기 전에 바꾸어야 할 부분은 바꾸겠다는 자세가 중요합니다.

상대를 바꾸는 대신 거리를 바꾸자

가족이나 직장 상사처럼 내 힘으로 그 거리를 조정할 수 없는 경우라면 상대에 대한 마음가짐을 바꾸도록 노력해 보세요.

먼저 '해야 한다'는 강박 관념에서 벗어나야 합니다. 간혹 최소한의 성의를 보이는 것이 상대에 대한 예의를 지키는 일이자 좋은 인간관계를 유지하는 방법이라고 여기는 사람들이 있습니다. 가령, 명절이 다가오면 '선물을 미리 안 보내면 예의 없다고 생각할 거야' 하는 식의 걱정으로 매번 스트레스를 받지요.

인간관계에서 지켜야 할 예의, 즉 '해야 한다'는 강박 관념이 심리적인 부담을 주어 오히려 인간관계를 방해하는 셈입니다 이런 경우라면 과감히 '해야 한다'는 사고방식에서 멀어지는 것이 좋습니다.

거북한 상대와 잘 지내는 일은 더욱 어렵습니다. 그럴 때는 충분히 거리를 두고 대하는 연습을 해 보세요. 상대가 싫다고 해서 이미 타고난 그를 바꿀 수는 없습니다. 관계를 회복하고 싶다면 오히려 그 사람에 대한 나의 생각을 바꾸어야 합니다.

만약 상대에게 싫은 점이 있다면 관점을 바꾸어 그 싫은 점을 다시 바라봅시다. 그러면 '융통성이 없고 고집이 센' 상대의 약점이 '의지가 강하여 흔들림이 없는' 장점으로 여겨질 것입니다.

불에는 불, 물에는 물, 공기에는 공기의 장점이 있습니다. 불과 물을 떨어뜨려 놓으면 불이 꺼질 일 없고, 공기가 흐르게 해 놓으면 불길이 사그라지지 않지요. 물에 공기가 적당히 닿을 때 수면 위로 미세한 물결무늬가 잔잔히 일어납니다.

불을 물로 바꿀 수는 없지만 그 거리는 바꿀 수 있습니다. 거리가 적당할 때 서로가 서로를 살리듯이, 인간관계 역시 적절한 거리 조절만으로 나와 상대 모두를 살릴 수 있습니다.

남들의 시선에
민감하지 않은가?

| 정적에서 배우다

불안을 크게 키우지 않는다

다른 사람과는 잘 지내면서 유독 나한테만 서먹서먹하고, 내가 말을 걸면 귀찮다는 듯이 시큰둥하고, 어쩐지 날 계속 피하는 것만 같고…….

여러분도 상대의 차가운 태도를 보고 혹시 날 싫어하나 하는 불안을 느껴 본 적이 더러는 있을 겁니다. 남이 나를 미워할지도 모른다는 생각이 든다면 쓸데없이 불안을 키우기보다 자기 자신에게 질문을 하며 상대와의 관계를 다시 점검해 보세요.

- 내가 상대에게 잘못한 일은 없는가?
- 상대가 나를 대하는 태도는 어떠한가?
- 그런 상대의 태도에 내 마음은 어떠한가?

예컨대 그와의 약속 시간에 매번 늦었다거나 빌린 돈을 갚지 않았다면, 원인을 제공한 사람은 나이므로 얼마든지 관계를 회복할 수 있습니다.

사람은 누구나 완벽하지 않으므로 실수하기 마련이고, 그로 인해 상대에게 미움을 받더라도 이상한 일은 아니지요. 일단 실수를 인정하고 성의를 담아 사과한 뒤, 이후 대응을 진지하게 생각하면 됩니다. 그러면 당장은 아니더라도 관계는 언제든지 다시 좋아질 수 있습니다.

문제는 원인을 딱히 모를 때입니다. 상대로부터 '왜 그러는지 모르겠지만 어쩐지 날 싫어하는 것 같다'는 인상을 받으면, 원인을 모르기 때문에 불안이 점점 심해지지요. '내가 뭔가 나쁜 짓이라도 했나?', '상처 줄 만한 말이라도 했던가?' 하고 걱정이 꼬리에 꼬리를 뭅니다. 그렇게 속으로 끙끙 앓다가 관계를 회복하기 위한 구체적인 행동도 취하지 못한 채 사이가 멀어지고 말지요.

망상은 단호하게 떨쳐 버리기

사생활에서도, 회사에서도, 혹은 이웃과의 관계에서도 있지도 않은 일을 두고 이것저것 상상하며 마치 그게 사실인 것처럼 믿어 버릴 때가 있습니다. 사실은 아무도 나를 나쁘게 생각하지 않는데도 사람들이 날 싫어할지도 모른다며 고민에 빠져 버리는 식이지요.

이른바 '망상'입니다. 성가시게도 망상은 사람을 휘두릅니다. 미움받는다고 일단 믿어 버리면 불안이 불안을 불러 순식간에 눈덩이처럼 커지고 말지요.

망상에 제동을 걸지 못하면 마음에 탈이 납니다. 마음이 평정을 잃으면 쓸데없는 것들이 들러붙으면서 불안과 짜증이 늘고, 나중에는 주체할 수 없는 분노를 상대방에게 쏟아 내고 맙니다. 망상에 휘둘리는 모습이지요. 그러면 인간관계는 삐걱삐걱 잘 될 리가 없습니다.

우선 나에게 잘못이 없는지 일단 냉정하게 생각해 봅

시다. 아무리 생각해도 짚이는 구석이 없다면, 그것은 '망상'이라고 단호하게 떨쳐 버리면 그만입니다.

상대에게 직접 물어보는 것도 방법입니다.

"제가 기분 상할 만한 짓을 했나요?"

"저로 인해 상처받으셨다면 사과하겠습니다."

상대와 솔직하게 마주하면 해결의 실마리는 쉽게 보입니다. 팔짱 낀 채 보고만 있다가는 소중한 인연이 끊어질지도 모릅니다.

다만 불안으로 가득한 마음으로는 정확한 판단을 내리기 어렵습니다. 근거 없는 불안이나 망상은 버리고 조금 시간을 두고 관계를 회복할 방법에 대해 생각해 보세요.

물론 관계가 잘 풀리지 않는 원인이 상대에게 있기도 합니다. 이를테면 승진 시험에서 나는 합격하고 동료는 불합격했다고 칩시다. 그러면 상대가 공연히 트집을 잡거나 시비를 걸 수도 있을 테지요.

선망과 질투로 마음에 먹구름이 끼면 판단력이 흐트러져서 여러 가지가 삐딱하게 보이는 법입니다. 이럴 때는 상대의 마음이 삐딱한 상태이므로 먹구름이 걷힐 때까지

기다릴 수밖에 없습니다.

인간관계에 문제가 생기면 마음은 흐트러지게 마련입니다. 하지만 그렇게 흐트러진 마음으로는 올바른 해결책을 찾아내지 못합니다. 시간을 들여서라도 마음에 평정을 되찾고 나서 대응해야 바람직합니다.

제3장

살짝 떨어지면 보이는,
인간관계의 본질에 대하여

인간관계는
의외로 심플하다

선의 정원은 돌, 모래, 나무, 풀 같은 단순한 소재들로 조성됩니다. 그런 만큼 무엇보다 각 소재들을 어느 위치에, 어떻게 배치할 것인가에 마음을 집중하여 세심한 주의를 기울여야 하지요.

선의 정원은 돌과 돌의 위치 관계, 즉 거리감 하나로 전혀 다른 인상을 풍기게 됩니다. 지나치게 가까우면 경치가 갑갑해져서 보는 사람이 마음의 안정을 얻지 못합니다. 반대로 지나치게 멀면 어딘가 지루해 보여서 긴장감을 잃고 말지요.

돌과 나무, 나무와 물줄기 등 모든 소재의 거리감이 딱 들어맞아야 비로소 보는 이의 마음을 누그러뜨리고 평온함이 느껴지는 공간, 마음에 상쾌함을 불어넣는 공간으로 구현될 수 있습니다.

인간관계에서도 마찬가집니다. 사람은 누구나 건강하고 유쾌한 인간관계를 맺고 싶지요. 이때 상대와의 거리감에 따라 같은 상대라도 유쾌함을 느끼기도 하고, 불쾌함을 느끼기도 합니다.

'저렇게 마구 들이대니 숨이 막힐 것 같아.'

거리가 너무 가까우면 이런 기분이 듭니다. 반면 너무 멀면 마음이 서로 통한다는 것을 느낄 수 없습니다.

'알고 지낸 지 꽤 되었는데도 매정하게 구네.'

이처럼 거리감은 인간관계의 양상을 결정짓지만, 의외로 많은 사람이 무심하게 넘겨 버립니다. 거리감을 의식하지 않은 채 인간관계에 당황하고, 고민하며, 괴로워하지요. 다시 말해, 사람과 사람 사이의 거리감만 잘 조절해도 우리는 인간관계 속에서 겪는 문제의 대부분을 해결할 수 있습니다.

나에게 가장 중요한 사람은 바로 나

나는 나를 잘 모른다

여러분은 자기 자신에 대해 얼마나 알고 계시나요? 가장 잘 아는 것 같아도 실은 가장 모르는 것이 바로 자기 자신일지 모릅니다.

모든 인간관계는 상대가 있기 전에 '나 자신'이 존재합니다. 그렇기 때문에 알맞은 거리감을 파악하려면, 상대의 말과 행동을 따지기에 앞서 일단 나 자신이 어떤 사람인지 파악해야 합니다.

선의 정원을 만들 때도 땅의 특성을 정확하게 파악하

는 일부터 시작합니다. 서양에서는 먼저 땅을 평평하게 고른 다음 만든 사람이 구상한 디자인대로 정원을 만들어 가지요. 이런 방식에서는 땅의 특성이 별로 중요하지 않습니다.

하지만 선의 정원은 땅에 비탈이 있으면 그 비탈을 살릴 방법을 생각하고, 고목이 우뚝 서 있으면 최대한 건드리지 않고 그대로 둡니다. 오랜 세월에 걸쳐 자연이 꾸려온 땅의 고유한 특성인 만큼 인위적인 변화는 최대한 배제합니다.

이처럼 땅의 특성을 아는 것을 '지심(地心)을 읽는다'고 하는데, 나 자신에 대해 아는 일이 바로 여기에 해당합니다. 나의 성격, 말과 행동의 성향, 장점과 단점 등 자신의 타고난 본질에 대해 아는 것이지요.

요즘은 차분히 자신을 응시하는 시간을 갖는 사람들이 드뭅니다. 아무래도 빠르게 변하는 정보화 시대에 맞춰 살다 보니 바빠진 탓이 크겠지요.

하지만 저는 사람들이 자신을 너무 잊고 사는 듯하여 안타깝습니다. 삐걱대는 인간관계로 스트레스 받고, 걸핏

하면 타인에게 휘둘리는 이유도 어쩌면 나 자신을 잘 모르기 때문이 아닐까요?

타인의 시선에서 나를 보자

저는 땅의 특성을 가늠할 때 땅 안쪽을 빈틈없이 둘러볼 뿐 아니라 바깥으로 나가서 땅을 다시 보기도 하고, 근처 건물 옥상에 올라가 내려다보기도 합니다. 그렇게 하면 땅 안쪽에서는 볼 수 없었던 새로운 특성을 발견하기 때문입니다.

이 방법은 자기 스스로를 파악할 때도 활용이 가능합니다. 사람은 '나는 이런 사람이야'라고 단정 지으면 좀처럼 거기에서 벗어나지 못하는 경향이 있습니다.

혹시 여러분 중에 '나는 성격이 급해서 욱하는 게 문제야'라고 생각하는 분이 계신가요? 그렇다면 조금 다른 시선에서 자신을 바라봅시다. 나 자신을 객관화하여 타인의 관점으로 나를 보면, 예전에는 미처 몰랐던 면을 새롭게 발견할 수 있습니다.

'아, 내가 욱했던 건 대부분 부당한 일을 당했을 때였구나. 그런 불합리한 처사에는 화를 내는 게 당연했어.'

그러면 나는 성격이 급해서 욱하는 사람이 아닙니다. 단지 남들보다 도리를 중시하고 정의감이 강한 사람일 뿐이지요. 그렇다면 내가 단점이라고 여겼던 나의 특성은 오히려 장점이 됩니다.

'나는 우유부단하고 소심해서 결정을 빨리 못 해'라고 생각하는 분들도 계신가요? 한 방향에서만 보면 판단력과 결단력이 부족해 약점처럼 보일 것입니다. 그러나 관점을 바꾸면 여러모로 신중하게 생각하고 판단하는 사람인 셈이지요. 자신이 스스로 약점이라고 생각했던 성격이 실은 자신의 대표적인 특성, 즉 장점인 것입니다.

자신에 대해 파악하는 방법은 또 있습니다. 여러분이 맺은 다양한 인간관계 중에서 만났을 때 기분이 좋은 사람과 싫은 사람을 한번 떠올려 보세요. 그런 다음 내가 '좋다' 혹은 '싫다'고 느끼는 감정이 왜 나온 것인지 곰곰이 생각해 봅시다.

근원을 찾아 보면 의외로 우리는 상대가 지나가면서

무심코 던진 말 한마디나 사소한 행동에서 그 사람에 대한 첫인상을 결정한 경우가 많습니다.

'○○씨는 맞장구도 잘 쳐 주고 어떤 이야기라도 항상 정성껏 들어줘.'

'△△씨는 항상 웃는 얼굴이야. 보고 있으면 괜히 나까지 기분이 좋아진다니까.'

반대로 '싫다'는 느낌이 들었을 때도 마찬가집니다. 정중한 말투를 좋게 생각하는 사람이 있는가 하면, 어떤 사람은 어딘가 불편하고 인간미 없는 사람으로 받아들이기도 합니다. 또 말수가 적고 행동이 무뚝뚝한 사람을 싫어하는 사람도 있고, '겉과 속이 같아 보여서 믿음이 간다'는 사람도 있습니다. 이것 역시 자신의 성향을 알려 주는 하나의 지표인 셈이지요.

잠들기 전 30분, 나에게 집중하는 시간

승려인 저는 매일 선의 가르침에 따라 생활하고 있습니다. 특히 잠들기 전에는 항상 좌선을 통해 어지러운 마음을 정돈하고 온화한 마음을 유지합니다.

좌선을 할 때는 두 손을 깍지 끼고 두 다리를 포갭니다. 그러면 오른손과 오른발, 왼손과 왼발이라는 좌우 구분이 없어지지요. 다시 말해, 좌우를 구별하는 '분별'과 '생각'이 사라진다는 말입니다.

이리저리 재고 판단하는 생각이 없어지면 마음이 맑아집니다. 선에서는 이를 '본래의 자기'라고 하지요. '불성(佛性)'이라고도 하는데, 달리 표현하자면 '마음과 몸이 하나가 되어 자연 속으로 녹아든다'고 할 수 있습니다. 시간의 흐름도 의식되지 않고, 좌선을 하고 있다는 사실 자체를 잊게 됩니다.

나 자신을 알기 위해서는 스스로를 차분히 들여다보는 시간을 가지는 일이 중요합니다. 오늘 하루 자신이 어떻게 보냈는지 되돌아보는 것이지요. 조금 더 길게는 지난 일주일과 지난 한 달, 더 길게는 지난 일 년 동안 자신이 어떻게 살았는지 돌이켜 봅니다.

이를 위해 잠들기 30분 전에 마음을 안정시키는 조용한 시간을 가져 보세요. 꼭 좌선이 아니어도 괜찮습니다.

조용한 노래를 들어도 좋고, 마음이 차분해지는 향을 피워도 좋습니다. 편안하게 앉아 밤하늘을 바라본다던가 좋아하는 화가의 작품집을 보는 일도 좋겠지요. 무엇이라도 상관없으니 자신이 정말로 '기분 좋다'고 느낄 만한 일을 하는 겁니다. 이런 시간은 마치 좌선처럼 마음을 평온하고 맑게 해 줍니다.

다만, 30분 중에서 마지막 5~10분 정도는 스스로의 마음을 들여다보는 시간으로 가지도록 하세요. 그날 업무나 인간관계에서 스트레스를 느낀 일이 있었다면, 조용히 그 일을 내 마음으로부터 떠나보냅니다.

하루 동안 쌓인 스트레스를 털어 내면 몸과 마음의 긴장이 풀리고 집중력이 높아집니다. 그렇기 때문에 짧은 시간 동안이라도 자기 자신을 똑똑히 응시할 수 있지요. 그러면 '나'라는 사람이 점점 분명해지고, 나다움을 잃지 않으며 살아가게 됩니다.

마음의 버팀목이 있는가?

선의 정원이 아름다운 이유는 각각의 소재가 알맞은 거리감을 유지하여 절묘한 조화를 이루기 때문입니다. 모든 소재는 저마다 중요하고 반드시 필요하지만, 그래도 선의 정원이 표현하는 세계에서 중심이 되는 소재가 있습니다.

가령, 돌을 중심으로 정하면 나머지 소재와의 거리감과 방향이 정해집니다. 돌뿐 아니라 석등이나 나무가 중심이 될 때도 있고, 폭포 같은 물줄기가 중심이 될 때도 있지요. 무엇이 되었건 간에 정원을 만들 때는 중심을 정하는 일이 무척 중요합니다.

우리는 인생을 살면서 때때로 어떤 선택을 내려야 할지 몰라 헤매는 순간들이 있습니다. 앞으로 갈 것인가 말 것인가, 행동을 할 것인가 말 것인가를 고민하는 상황에서 결국에는 선택의 기준이 되는 여러분만의 중심, 즉 마음의 버팀목은 무엇인가요?

마음의 버팀목을 지니면 우리는 어떤 순간에서도 흔들림 없이 판단하고 앞으로 나아갈 수 있습니다.

예를 들어 '비겁한 행동은 하지 않는다'를 마음의 버팀목으로 삼았다면, 설령 자기에게 이익이 되더라도 하지 않는다는 결론을 내리지요. 그러면 이해득실에 휘둘리지 않게 되고, 삶의 방식도 훨씬 간결해집니다.

애플의 창업자 스티브 잡스는 상품을 개발하기 전에 시장 조사를 하지 않기로 유명합니다. 히트 상품을 만들어내기 위해서는 시장 조사를 하는 것이 이른바 상식이지만, 잡스는 아랑곳하지 않고 자기가 만들고 싶은 상품을 계속 만들었습니다.

'만들고 싶은 것을 만든다.'

이것이 바로 스티브 잡스가 지닌 마음의 버팀목이 아니었을까요?

이후에도 애플은 잇달아 히트 상품을 세상에 내놓았습니다. 애플의 성공 비결은 최신 유행이나 소비자의 경향에 맞춰 상품을 개발한 것이 아닙니다. 어떤 상황에서도 흔들리지 않고 버팀목에 기대어 걸어간 잡스를 세상이 받아들인 것이지요.

마음의 버팀목은 나 자신을 알고 가만히 응시해야만

비로소 찾아낼 수 있습니다. 그러니 여러분도 언제나 자신을 들여다보는 시간을 가지시기 바랍니다. 기왕이면 나와 함께 살아가는 사람들에게 도움이 되는 쪽이라면 더욱 좋겠지요.

관계의
군더더기 덜어 내기

상대의 단점으로부터 한 발짝 떨어지기

선의 정원이 만들어지는 땅은 다양합니다. 어떤 땅이라도 반드시 장점과 단점을 지니는데, 되도록 장점은 살리고 단점은 줄이거나 없애는 디자인을 구상하지요.

물론 후자의 경우가 훨씬 어렵습니다. 그래서 저는 단점을 두 가지로 나누어 생각합니다. 하나는 개선 요인, 즉 조금만 손질을 하면 바꿀 수 있는 단점이지요. 다른 하나는 저해 요인, 아무리 머리를 짜내도 바꿀 수 없는 단점입니다.

이를테면 땅 너머 보이는 전봇대나 건물은 개선 요인에 해당합니다. 그대로 두면 경관을 해치는 방해꾼이지만, 그 앞에 커다란 나무를 심어 시야를 가리면 단점은 개선됩니다.

만일 근처에 큰 도로가 지나고 있어 자동차 소음이 끊임없이 들리는 환경이라면 이건 저해 요인에 해당합니다. 어떤 수단을 마련해도 소음을 완전히 없애지는 못할 테니까요.

하지만 저는 아무리 불가능해 보이는 저해 요인이라도 포기하지 않고 개선 방법을 찾고자 합니다. 가령, 위와 같은 경우라면 땅 안쪽에 벽을 만들고 거기에 물을 흐르게 만들어서 소음이 물 흐르는 소리에 묻히도록 조성하는 식으로 말이지요.

땅처럼 사람 역시 누구든 장점과 단점을 동시에 지닙니다. 문제는 이러한 사실을 잘 알고 있으면서도 막상 현실에서 마주하는 상대의 단점을 받아들이기가 어렵다는 것이지요. 그래서 인간관계를 어렵다고 하는 겁니다.

좋은 인간관계를 쌓고 싶다면 우선은 상대의 장점부터

찾아보도록 합시다. 다정하고 세심하게 챙겨 주는 마음 씀씀이, 부당한 일에 과감히 나설 줄 아는 대범함 등 상대에게서 장점을 찾아내면 친밀감이 생기고 마음의 빗장을 여는 데 큰 도움이 됩니다.

문제는 단점입니다. 단점의 경우 앞서 정원을 사례로 든 것처럼 개선 요인과 저해 요인으로 나누어 생각해 보면 어떨까요?

물론 친구 같이 편안한 관계에서는 서로의 단점을 비교적 너그럽게 이해하고 넘어갈 수 있습니다. 비록 사이가 틀어지더라도 잠시 시간을 두고 차근차근 대화하면서 관계를 개선시킬 수 있지요.

하지만 직장 동료처럼 업무상으로 얽힌 사이에서는 상대의 단점을 쉽게 받아들이기가 힘듭니다. 매일같이 함께 일하는 상황에서 내 마음대로 그와 시간을 두는 것도 현실적으로 어렵고, 그렇다고 해서 아예 관계를 끊어 내기란 더욱 불가능하지요.

이를테면 회사에 항상 피드백이 늦은 상사가 있다고 합시다. 업무 속도가 느려 제안서를 내도 좀처럼 답변을 주지 않습니다. 이것은 개선 요인입니다. 제안서를 낼 때 "과장님, 답변을 ○일까지는 꼭 주셨으면 합니다" 하고 덧붙인다면 개선될 가능성이 높지요.

하지만 이유 없이 사사건건 꼬투리를 잡거나 공격적인 비난을 일삼는 상사라면 이것은 저해 요인입니다. 그렇다면 거리를 두고 딱 필요한 만큼 사무적인 관계로만 지내면 됩니다. 마치 물과 기름처럼 서로 섞이기 힘든 관계는 되도록 접촉을 줄이는 게 최선입니다. 시간이 지나 부서 내 인사 이동으로 관계가 바뀔 수도 있을 테니까요.

옛말에 '군자는 위험한 것에 가까이하지 않는다'는 말이 있습니다. 이 말을 항상 가슴속에 새기며 정신적인 스트레스를 줄이는 편이 훨씬 현명합니다.

매력은 오래 지켜봐야 아는 법

선의 정원을 만들다 보면 눈에 거슬리는 점을 발견할 때가 있습니다.

'저 나뭇가지가 좀 걸리적거리는데……'

이럴 경우 저는 나뭇가지를 섣불리 잘라 내지 않습니다. 시간대를 바꾸어 같은 자리에서 땅을 다시 바라보면 생각지도 못한 부분을 발견할 수 있으니까요.

이를테면 해가 질 무렵, 저녁 노을이 나뭇가지에 닿으면 땅에 그늘을 드리우는 멋진 경관이 연출됩니다. 그러면 방해꾼으로 보였던 나뭇가지가 실은 선의 정원에 음영을 안기는 뛰어난 소재라는 사실을 발견할 수 있습니다. '나뭇가지가 걸리적거린다'는 선입관을 떨치지 못했다면 절대 얻을 수 없는 깨달음이지요.

사람을 볼 때도 마찬가지입니다.

'저 사람은 볼 때마다 늘 불만스러운 표정이야. 어지간히 까다로운가 봐.'

이런 부정적인 사고에 사로잡혀 상대를 판단하면 좀처럼 그 선입관에서 벗어나질 못합니다. 불식은커녕 시간이 지날수록 부정적인 감정이 깊어져서 '까다로운 사람'이라는 상대의 인물상이 머릿속에 고정되어 버립니다. 이후 상대가 어떤 행동을 하던 간에 '거 봐, 역시 까다롭다니까' 하고 결론짓지요.

설령 그 사람에게 다소 까다로운 면이 있더라도 사람은 다면적인 존재이므로 어디까지나 그 사람이 가진 한 면에 불과합니다. 실제로는 다른 면이 얼마든지 있고, 그중에는 까다로운 성격을 메우고도 남을 멋진 장점도 지녔을 것입니다. 그러니 선입관은 최대한 떨쳐 내고 상대를 잘 관찰해 보세요. 분명 새로운 면을 발견할 수 있을 겁니다.

'보기엔 까칠해도 속이 꽤 깊군.'

'의외로 저런 농담도 할 줄 아네.'

사람은 편향된 잣대로 타인을 보기 쉽습니다. 그렇기 때문에 항상 선입관이나 고정관념을 경계해야 합니다. 한 사람의 진심이나 매력은 오랜 시간을 두고 여러 경험을 거쳤을 때 비로소 느껴지는 법이지요.

단지 첫인상만으로 상대를 판단하고 단정 짓지 마시기 바랍니다. 마음의 색안경을 벗으면 아주 작은 계기를 통해서도 그 사람의 본질을 깨달을 수 있을 테니까요.

군살을 덜어 내면 소중한 사람만 남는다

SNS상에서 맺어진 관계는 넓고 얕은 인간관계의 전형적인 예입니다. 요즘은 스마트폰 메신저에 수백 명의 정보가 등록되어 있는 것은 물론 페이스북이나 인스타그램을 통해 일면식도 없는 수천 명의 사람들과 적극적으로 교류하기도 하지요.

물론 SNS는 우리가 더 나은 삶을 살도록 도와주는 편리한 도구입니다. 다만, 본인 스스로가 주체가 되어 사용할 때 비로소 '도구'라고 말할 수 있을 것입니다. 제가 보기에는 너무나 많은 사람이 SNS를 이용하는 게 아니라 반대로 이용당하는 것 같아 우려스럽습니다.

여러분은 SNS를 통해 자신의 솔직한 모습을 진정성 있게 나누고 있나요? 친구에게 메시지가 왔는데도 귀찮아서 일부러 못 본 척한다든지, 딱히 할 말이 없어 의미 없는 이모티콘만 남발한다든지, 단체 채팅방에서 나오고 싶지만 소외당할까 봐 그냥 두지 않는지 생각해 보세요.

앞서 이야기했듯이 선의 정원을 만드는 사고방식 중에 하나가 바로 '군더더기를 없애는 일'입니다. 저는 인간관계도 쓸데없는 군살을 덜어 낼 때 진짜 소중한 존재만이 남는다고 생각합니다. 진정성 있는 마음의 교류는 바로 그런 상대여야만 가능하지 않을까요?

물론 SNS상에서 맺어진 관계를 모두 끊어야 한다는 말이 아닙니다. SNS 덕분에 멀리 있는 사람과도 쉽게 연락할 수 있고, 직접 만나기보다는 SNS상으로만 대화하는 게 더욱 편하고 효율적인 경우도 있으니까요.

다만 너무나 많은 사람이 SNS가 주는 편리함에 휘둘려 불필요한 고민과 걱정으로 스트레스 받지 않기를 바랄 뿐입니다.

가족, 있는 그대로의 나를 받아 주는 곳

옛날에는 온 가족이 아침마다 얼굴을 마주하며 "잘 주무셨어요?" "잘 잤니?" 하는 인사를 나누었습니다. 그러고는 함께 식탁에 둘러앉아 식사를 하며 서로 간간이 대화도 나누었지요.

하지만 오늘날 가족의 모습은 크게 달라졌습니다. 인

사조차 나누지 않는 것은 물론 식사 시간과 식단도 모두 제각각인 경우가 많습니다. 시대가 바뀌고 가족마다 이런저런 사정이 다르겠지만, 서로 뿔뿔이 흩어지고 있다는 사실은 부정할 수 없는 현실입니다.

저는 이러한 가족의 개인화 현상이 심히 걱정스럽습니다. 사람은 일단 가족과 어울리는 가운데 장유유서, 다시 말해 연장자를 공경하는 법을 배우고 부모는 자식을, 자식은 부모를 배려하고 소중히 하는 마음을 길러 왔기 때문이지요.

선어에 '로(露)'라는 말이 있습니다. 어디 한군데 감춘 곳이 없어 모든 것이 드러난 상태라는 의미입니다. 사람이 온전히 드러난 채로, 즉 사회적인 지위나 입장에서 멀어져 오롯이 꾸미지 않은 자신으로 있는 곳은 본래 가족이라는 울타리 안입니다.

그러니 가족을 다시 일으켜 세우는 일은 사람이 '꾸미지 않은 나 그대로'의 모습으로 인간관계를 맺는 데 가장 기본이 되는 일과 같습니다.

그렇다면 어떻게 해야 가족을 다시 일으킬 수 있을까

요? 함께 식탁에 둘러앉아 식사를 하는 것입니다. 저마다 사정이 있어 쉽지 않다면, 주말에 하루 한 끼라도 모여서 다 함께 식사해 보세요. 처음에는 어쩐지 어색하고 거북할지 모르지만, 서로의 얼굴을 보면서 그동안 있었던 일들에 대해 대화를 나누다 보면 금세 적응될 것입니다. 접촉하는 시간이 늘고 다시금 서로에 대해 알게 되면 자연스럽게 꾸밈없는 자신으로 되돌아가겠지요.

선의 정원을 만들 때도 꾸밈없는 자신으로 있는 것은 매우 중요합니다. 저는 현장에 설 때 앞서 디자인한 도면을 가져가지 않습니다. 오로지 그때, 그 공간에서 느낀 것을 표현하는 데만 힘을 기울입니다. '이런 정원을 보여 줘야지', '보는 사람을 감동시키고 말겠어' 하는 생각이 들면 일종의 악취가 정원에 감돌기 때문이지요. 그래서 작위를 버리고 그때그때 있는 그대로의 모습으로 공간과 마주하기 위해 늘 힘씁니다.

인간관계도 마찬가지입니다. 작위가 끼어들면 진실로 사람을 사귈 수 없지요.

'이 사람과 잘 지내면 거래처와 일할 때 유용하겠지.'

'저 사람은 사귀어 봤자 득이 될 게 없을 듯하니 멀리 하자.'

이런 꿍꿍이가 생기면 인간관계는 계산적으로 변해 버리고 맙니다. 그러니 일단은 가족과 있는 그대로의 모습으로 마주합시다. 그것이 타인과의 사이에서도 작위 없는 진정한 인간관계를 만들어 가는 궁극적인 비결입니다.

정보는
필요한 것만 취한다

고독을 즐길 줄 아는 사람

현대인, 특히 젊은 세대는 집단에 속하기를 좋아하는 듯
합니다. 좋아한다는 표현은 다소 틀릴지도 모르겠습니다.
그룹, 집단에 소속되었을 때 비로소 마음의 안정을 찾고
평온해진다는 말이 더 정확하겠지요.

미국의 심리학자 에이브러햄 매슬로가 제창한 욕구
5단계설*에서도 3단계에 '사회적 욕구(귀속욕구)'가 나타
나듯이, 확실히 사람은 집단으로 속하고 싶다는 욕구를
지닙니다.

하지만 SNS상에서 누구든지 제약 없이 관계가 이어지는 현대 사회에서는 집단이 어느 확고한 구심점을 바탕으로 이뤄진 것이 아니라 그저 무리 지어 있을 뿐이라는 생각이 듭니다. 그러다 보니 동료 의식도 희미하지요.

예를 들어 SNS로 맺어진 한 사람이 곤경에 처해 도움을 요청한다면, 진정성 있게 도움의 손길을 내미는 사람은 과연 몇이나 될까요?

팔로우가 몇 백 명이라 하더라도 정작 달려오는 사람은 아마 한두 사람, 여차하면 한 사람도 없을지 모릅니다. 그것이 무리의 실상이라고 해도 딱히 틀린 말은 아닐 테지요.

사람이 모이는 이유는 무리에서 튕겨져 나와 홀로 있으면 외롭고 쓸쓸하기 때문입니다. 그 내면에는 '고독＝쓸쓸하다'는 도식이 내재되어 있지요. 하지만 고독과 쓸쓸함은 다릅니다. 불교 경전에 이런 말이 있습니다.

• 매슬로는 인간의 욕구가 강도와 중요성에 따라 5단계로 이루어지며 낮은 단계의 욕구가 충족되어야 높은 단계의 욕구가 나타난다고 보았다. 1단계는 생리적 욕구, 2단계는 안전의 욕구, 3단계는 사회적 욕구, 4단계는 존경의 욕구, 5단계는 자아실현의 욕구이다.

무소의 뿔처럼 혼자서 가라.

고독은 자신을 확립할 때도, 자신이 걸어갈 길을 정할
때도 반드시 필요합니다. 무리 속에서 서로 기대기만 해
서야 자신을 확립할 수 있을까요? 어떤 인생을 살아갈 것
인지 찾아낼 수 있을까요?

고독한 시간 속에 몸을 두고 혼자 조용하게 자신과 마
주해 보세요. 그러기 위해서는 강인함이 필요합니다. 고
독 속에서야말로 자신의 본래 모습을 만날 수 있습니다.

선의 정원을 구성하고 있는 소재에는 공통점이 있습니
다. 어느 소재든 그 자체로 확고한 존재감이 느껴진다는
점입니다. 돌은 돌로, 나무는 나무로, 모래는 모래로 소재
그 자체로서 빛이 납니다.

독자적인 세계를 지닌 각각의 소재가 하나의 공간에
배치되면서 서로 녹아든 새로운 세계를 펼치는 공간이
바로 선의 정원입니다. 인간관계에도 '나는 나로서 존재
감을 지닌다'는 생각이 전제되어야 하지요.

좋은 인간관계를 맺으려면 서로가 자기 자신을 확립하

는 것이 중요합니다. 그렇지 않으면 한쪽이 다른 한쪽에게 기대고 의존하는 관계가 되고 맙니다. 얼마나 일그러진 관계인지는 두말할 필요가 없겠지요.

여러분이 해야 할 일은 안이하게 무리 지어 다닐 것이 아니라 고독한 시간 속에서 자기 자신을 제대로 응시하는 일입니다.

비교한들 무슨 소용이 있을까?

'이웃집 잔디는 푸르다'라는 말이 있습니다. 우리 집 뜰에서서 이웃집 뜰을 바라보니 아무래도 그쪽 잔디가 훨씬 파릇파릇해 보인다는 뜻입니다. 실제로는 똑같은데도 남이 가진 것이 무엇이든 좋게 보인다는 이야기지요. 이것은 선망, 질투, 자기 비하, 자기 부정으로도 이어집니다.

이런 일은 다양한 상황에서 일어납니다. '같은 대학을 졸업했지만 그 친구가 더 좋은 대기업에 취업했다, 동기로 입사했지만 그는 언제나 높은 성과를 달성해 나보다 먼저 승진 기회를 얻는다, 나랑 비슷한 외모를 지녔지만 그녀의 애인은 내 애인보다 훨씬 능력이 뛰어나다' 등등 비교를 시작하면 끝이 없습니다.

왜 그렇게 될까요? 답은 간단합니다. 비교하기 때문이지요. 자신의 처지나 상황을 타인과 비교하기 때문에 쓸데없는 생각에 사로잡히게 됩니다.

저는 지금껏 선의 정원을 많이 만들어 왔지만 단 한 번도 제 작품을 다른 사람의 작품과 비교한 적이 없습니다. 그뿐 아니라 제 작품끼리도 비교하지 않습니다.

선의 정원은 그때그때 자신의 마음을 표현한 공간입니다. 내 마음의 상태, 내 마음이 다다른 경지가 고스란히 선의 정원에 나타나 있지요. 그러므로 똑같은 땅에 똑같은 소재로 만들었다고 해서 똑같은 선의 정원이 아닙니다. 만드는 시기에 따라 마음의 상태, 마음의 경지는 다르므로 그 표현인 선의 정원도 당연히 하나하나 다르지요.

그때, 그 순간의 자신을 최대한 선의 정원이라는 공간에 투영해 갑니다. 오로지 그 일에만 온 힘을 쏟습니다. 완성된 선의 정원은 모두 그때그때 있는 그대로의 자신입니다. 비교한다는 발상이 끼어들 여지가 없습니다.

애초에 비교가 무슨 의미일까요? 대우가 좋은 회사에 들어간 친구와 나를 비교하면 내가 받는 대우가 개선될까요? 동기가 하는 업무와 내가 하는 업무를 비교하면 내게 좋은 업무가 돌아올까요? 내 연인과 그녀의 연인을 비교하면 더 좋은 연애를 할 수 있을까요?

답은 하나같이 '아니오'입니다. 비교한들 나는 조금도 바뀌지 않고 대우나 상황이 나아지지도 않습니다. 선망이나 질투, 자기 비하나 자기 부정 같은 부정적인 생각이 소용돌이쳐서 쓸데없이 괴로워질 뿐입니다. 물론 그런 생각은 인간관계를 성가시게 만들고 일그러뜨리는 원인도 됩니다.

비교 대상이 되는 것은 특정한 상대만이 아닙니다.

'30대 여자라면 반드시 가져야 할 명품!'

이런 정보를 접하면 마음은 평온을 유지하기 어려워집니다. 정보가 말하는 '반드시 가져야 할 명품'을 가지지 못한 내가 한심해질지도 모르지요.

이런 종류의 정보는 상업주의 전략의 일환으로 발신되는 만큼 출처와 근거가 수상쩍습니다. 무슨 근거로 30대여자가 그 명품을 가져야 한다는 것인지 알쏭달쏭하기 짝이 없습니다. 이런 정보에 휘둘리다 보면 비교에서 벗어나지 못합니다. 이때는 정보를 차단하는 자세가 필요하지요.

업무에 관련된 것이든 사생활에 관련된 것이든 나에게 필요한 정보만 받아들이면 됩니다. 정말 필요한 정보라면 진위를 가려내는 눈을 좀 더 엄격하고 날카롭게 해야 합니다. 그럴 때 꼭 필요한 정보를 얻을 수 있지요. 그 외의 정보는 흘려 넘깁니다. 끊임없이 흘러 들어오는 정보에 일일이 반응할 필요는 없습니다.

또 타인에 관한 정보에도 주의를 기울여야 합니다. 사람은 곧잘 타인에 대해 멋대로 판단해서 이런저런 소문의 표적으로 삼고는 합니다.

'출세를 위해서라면 무슨 짓이든 할 사람이야.'

'저 친구는 사람 좋은 얼굴을 하고 있지만 도무지 믿음이 가질 않아.'

이런 식으로 딱지를 붙이지요. 타인이 어떤 사람인지 가려내려면 자신의 눈과 감성을 사용하는 편이 가장 정확합니다. 그러니 실제로 만나서 이야기하고 태도를 보며 판단하는 것이 옳습니다. 어떤 딱지가 붙어 있든 관계없습니다. 소문만큼 못 믿을 것도 없습니다.

말로는 전해지지 않는 것들

최근 어떤 분이 저에게 '침묵이 무섭다'며 고민 상담을 청한 적이 있습니다. 어쩌면 여러분 중에도 비슷한 고민을 하는 분도 계시겠지요.

저는 그 고민의 원인이 '대화가 이어지지 않으면 나를 싫어하지 않을까', '말이 없으면 따분한 사람이라고 생각할 거야' 하고 주위 시선에 과잉 반응해 버리는 데 있다고 봅니다.

타인에게 곧잘 휘둘리는 사람들에게는 '불립문자(不立文字)'라는 선의 가르침을 전하고 싶습니다. '정말로 중요한 것은 말이나 문자로 전해지지 않고 마음에서 마음으로 전해진다'는 의미입니다. 물론 말은 중요하며 정중하게 다뤄야 하지만, 아무리 말을 해도 전해지지 않는 것이 있다는 깨달음이지요.

문득 말을 삼킨 친구의 침묵 속에서 깊은 슬픔을 감지했던 적은 없었나요? 혹은 아무 말 없이 침묵을 지키던 연인에게서 넘칠 만한 배려를 느낀 적은 없었는지요? 이것이 바로 말로는 다할 수 없는, 말을 초월한 커뮤니케이션입니다.

선의 정원에서도 돌이나 모래, 나무나 풀 같은 소재 이상으로 중요한 소재가 있습니다. 아무것도 없는 공간, 즉 여백입니다. 앞서도 말했듯 선의 정원을 감도는 고요하고 평온한 공기, 기분 좋은 긴장감은 여백 없이 표현할 수 없습니다. 또 여백은 '이 선의 정원은 어떤 세계를 표현한 걸까?', '만든 사람은 어떤 의도를 담으려 한 걸까?'라는 식으로 보는 사람의 상상력을 부채질하기 때문이지요.

대화로 말하자면 여백에 해당하는 것이 '침묵'입니다. 앞서 예를 들었지만 침묵은 때로는 말보다 더 서로의 감정과 생각을 풍부하게 표현하는 커뮤니케이션이지요.

상대에게 전하고자 하는 생각을 말한 뒤 뒤돌아서 '어쩐지 이건 아닌 것 같아. 내 진짜 마음은 그게 아냐' 하며 혼자 끙끙 고민했던 적이 있다면, 이제 침묵으로 표현해 보세요. 말로 하지 않는 표현을 알아차리면 커뮤니케이션이 훨씬 풍요로워지고, 인간관계 역시 더 깊고 즐겁게 만들 수 있습니다.

상대는
언제나 정중히 대할 것

여럿이 함께 살아 보면 좋은 이유

옛날 어린이들은 학교에서 돌아오면 떼를 지어 밖에서 놀았습니다. 다양한 연령대 아이들이 어울리다 보니, 나이가 많은 아이가 어린 아이를 돌보고, 또 어린 아이는 나이가 많은 아이를 잘 따랐지요.

요즘은 시대가 바뀌어 아이들이 집단으로 노는 일이 매우 드뭅니다. 학교를 마치면 곧바로 학원에 가고, 중간에 노는 시간이 있어도 친구들과 함께 놀기보다는 혼자서 스마트폰이나 컴퓨터로 게임하기 일쑤지요.

이 문제는 결코 아이들에게만 해당하지 않습니다. 오늘날 저출산 고령화 사회에서는 아무도 돌보지 않아 쓸쓸히 숨을 거두는 고독사가 빈번해지면서 '무연(無緣)사회'라는 말까지 탄생했습니다. 인터넷 발달 등 급격한 기술 혁신으로 혼자서도 생활이 가능한 대신 공동체 의식이 무너지고 있지요. 이러한 현실도 인간관계로 고민하는 사람이 늘어난 간접적인 원인이 아닐까요?

집단 생활은 인간관계에서 필요한 기본 예절을 배우고, 인성을 기르는 데 최적인 방법입니다. 가령, 선의 수행도 그렇습니다. 운수(선사의 수행승)의 수행 기간에는 전원이 같은 시간에 자고 일어나 엄격하게 수행합니다. 물론 여기에도 스승과 선배가 있어 상하관계에도 신경 써야 하지요.

그런 생활을 하다 보면 자연스럽게 동기 운수와는 서로 받쳐 주며 연대 의식을 기릅니다. 예를 들어 불경을 외우거나 좌선을 할 때 뒤처지는 사람이 있으면 다 함께 도우며 과제를 해결하지요. 그런 과정을 통해 동기 운수와 관계가 깊어집니다.

여러분도 기회가 된다면 가족이나 친구와 함께 일주일 정도 시골로 내려가서 집단 생활을 체험해 보시기 바랍니다. 농촌이든 어촌이든 산촌이든 상관없습니다. 지역 사람들의 일손을 도우면서 집단 생활을 해 보는 겁니다. 자식이나 손주가 있다면 함께 체험해 보아도 좋겠지요.

여럿이 모인 집단 속에서 생활하다 보면 참을성이 강해집니다. 윗사람과 아랫사람 사이의 질서(장유유서)를 익히고, 타인에 대한 마음 씀씀이 같은 배려심도 기를 수 있어 훗날 사람 사귀기가 훨씬 수월해질 것입니다.

분노와 집착을 다스리는 마음의 주문

기분 좋은 인간관계를 만들고 유지하려면 무엇보다 자기 자신을 다스릴 줄 알아야 합니다. 자기 감정조차 스스로 다스리지 못한다면 함부로 말을 내뱉거나 행동하게 되고, 툭하면 주변 사람들과 다툼이 생겨 인간관계에 악영향을 끼칩니다. 화가 나면 상대에게 욕을 퍼붓고 공격적으로 구는 사람과 사귀고 싶어 하는 사람은 아무도 없습니다. 매사 자기 고집대로 하려는 사람을 친구로 두고 싶어 하는 사람도 없을 테지요.

자신을 다스리는 것, 자신을 억제하는 것은 인간관계를 쌓아 가는 기반이라고 할 수 있습니다. 자신을 잘 다스리려면 평소 일상생활에서도 절제하려고 노력하는 연습이 필요합니다.

갖고 싶은 물건이 생기면 그걸 반드시 사야 직성이 풀리는 사람들이 있습니다. 충동구매야말로 자신을 억제하지 못하는 사례의 전형입니다. 이때 효과적인 방법은 가지고 싶다는 '마음'을 일단 집에 들고 가서 냉정하게 생각해 보는 것입니다. '정말로 가지고 싶은 것 중 지금 꼭 필요한 것은 무엇인가'를 곰곰이 생각하는 시간을 가지면 억제력은 높아져서 충동구매도 차츰 없어지고 자신을 다스리는 힘도 길러집니다.

분노가 치솟을 때도 자신을 다스리기 쉽지 않습니다. 분노를 가라앉히려면 자세와 호흡을 정돈하는 것이 좋습니다. 허리를 90도로 꼿꼿이 세운 뒤 배꼽에서 약 7.5센티미터 아래에 위치한 단전을 의식하며, 코로 천천히 숨을 내쉽니다. 숨을 끝까지 내뱉고 완전히 내쉬면 자연스럽게 공기가 들어오기 때문에 의식적으로 숨을 들이마실 필요가 없습니다. 이렇게 호흡을 반복해 보세요.

선에는 조신(調身), 조식(調息), 조심(調心)이라는 말이 있습니다. 자세를 가다듬으면 호흡이 정돈되고, 호흡이 정돈되면 마음도 정돈된다는 의미입니다. 자세를 바로잡고 차분하게 심호흡을 하면, 분노로 들끓는 마음이 가라앉아 평온해집니다. 그러니 감정적으로 섣불리 판단하거나 행동할 일도 없어 실수를 줄이게 되지요.

일본 조동종(曹洞宗 : 중국의 오가칠종 중 선종의 일파 - 옮긴이)의 총본산, 소지지(總持寺) 최고 어른인 이타바시 고슈 선사에게 분노를 다스리는 마지막 과정에 대해 가르침을 받은 적이 있습니다.

"상대에게 화나는 말을 듣더라도, 자신의 뜻대로 되지 않더라도 바로 반응하지 않습니다. 먼저 마음속으로 고맙다고 세 번 되뇌도록 하세요."

이렇게 세 번 되뇌는 동안 마음이 안정됩니다. 분노의 감정이 완전히 가시지는 않겠지만, 적어도 분노하게 만든 실체를 객관적으로 바라볼 수는 있지요. 여러분도 분노를 절제하게 만드는 자신만의 주문을 만들어 보세요. 어떤 말이라도 좋습니다.

"괜찮다, 괜찮다, 괜찮다."

"긍정적으로, 긍정적으로, 긍정적으로."

이렇게 생각하는 습관을 들이면 무모하게 분노를 표출하지 않을 뿐더러 나중에는 온화한 말이 절로 나오게 됩니다.

이외에도 일상생활에는 자신을 다스리는 힘을 단련할 기회가 얼마든지 있습니다. 기쁜 일이 있을 때도 너무 기쁜 나머지 오두방정을 떨면 주변에서는 눈살을 찌푸리기 쉽습니다. 이때도 자신을 다스릴 필요가 있습니다.

'마음으로는 기뻐하되 행동은 차분하게!'

스스로를 절제하는 습관을 기르면 의식하지 않아도 필요한 상황에서 저절로 자신을 다스릴 수 있게 됩니다.

제대로 몸에 밴 습관은 이미 인격 자체입니다. 언제나 자신을 다스릴 수 있는 사람, 그 사람은 이제 어떤 인간관계에서도 먹힐 커다란 매력, 힘센 무기를 갖춘 셈입니다.

상대의 처지를 먼저 헤아리기

인간관계가 원활하게 굴러가려면 상대의 처지를 배려하는 마음을 반드시 지녀야 합니다. 이야기할 때도 자기 의견만 거침없이 말하고 상대의 이야기는 듣지 않는다면 대화가 이어지지 않을뿐더러 관계에도 금이 가고 말지요.

이 점은 선의 정원을 만들 때도 마찬가지입니다. 상대를 배려하며 그 사람이 전하고자 하는 바를 헤아릴 줄 알아야 하지요. 여기서 상대란 돌이나 나무 같은 소재에 해당합니다.

이를테면 돌에는 하늘(天), 땅(地), 얼굴(顔), 뒤(裏)가 있습니다. 하늘이란 놓았을 때 위에 오는 부분을 뜻하는데 이것을 '둑마루'라고 합니다. 땅은 대지에 묻히는 부분, 얼굴은 표정이 가장 풍부한 면, 뒤는 그 반대쪽 면입니다.

우선 모든 방향에서 돌을 바라보고 돌이 전하려는 것을 헤아립니다. 돌과 대화를 해서 돌의 마음을 읽는 작업을 가장 먼저 하지요. 대화도 하지 않고 일방적으로 '얼굴은 이쪽, 하늘은 여기'라는 식으로 정해 버리면 잘못 읽는 꼴이 되어 결과적으로 실패합니다.

인간관계에서도 일단 상대의 이야기를 잘 듣는 자세가 중요합니다. 요즘은 자기주장을 앞세우는 경향이 강해서 매사 '내가, 내가'라며 나서기 쉽지만 양쪽의 자기주장이 부딪치기만 해서는 관계가 평행선인 채 끝나고 맙니다. 그렇게 하면 상대를 이해할 수 없고 나도 이해받지 못합니다.

의견이 다르더라도 감정적으로 대응하기보다 차분하게 상대의 말을 끝까지 우선 들으세요. 좋은 인간관계를 위해서는 상대의 좋은 점은 인정하여 너그럽게 받아들일 줄 아는 자세가 필요합니다. '흑인가 백인가', '옳은가 그른가'라는 식으로 딱 잘라 파악하지 않습니다.

이것은 불교의 '중도(中道)'에 따른 사고방식입니다. 다시 말해서 흰색이면 흰색, 검은색이면 검은색이라는 식으로 어느 한쪽으로 치우치지 않습니다.

자칫 모호한 태도로 보일 수도 있겠으나 모호한 것이 꼭 나쁘지만은 않습니다. 내가 옳다고 그저 격하게 말하기보다 상대방의 말에도 일리가 있다고 받아들이는 편이 상대에게 상처를 입히지 않는 관용이기 때문입니다.

업무상 혹은 사적인 만남에서 의견을 교환하거나 대화를 할 때도 일단 상대를 받아들이는 자세가 되어 있느냐 그러지 않느냐로 나에 대한 인상이 달라집니다.

이를테면 상사와 의견이 어긋날 때도 "과장님, 그건 아니라고 생각합니다. 이렇게 생각해야 맞죠"라는 식으로 대응하다가는 괜한 분쟁만 일어납니다. 상대에게는 상사로서의 체면도 있을 테니 반감을 사기에 딱 좋지요. 그러니 자기 의견을 제대로 전달하려면 우선은 상대를 충분히 배려해야 합니다.

"과장님 말씀은 잘 알겠습니다. 하지만 이렇게 생각할 수도 있지 않을까요?"

앞서 예로 든 전달 방식과 뚜렷한 차이를 지닙니다. 상사가 어느 쪽 의견에 귀를 기울일지는 말할 필요도 없겠지요.

도겐 선사(일본 조동종의 창시자로 알려진 13세기 승려 - 옮긴이)는 '동사(同事)'라는 말을 남겼습니다. '자신과 상대를 나누지 않고 상대의 처지에서 사물을 보고 생각한다'는 뜻입니다. 말을 할 때도 그렇습니다.

'상대가 이렇게 말하면 나는 어떤 기분이 들까?'

떠오른 말을 그대로 입에 담기보다는 일단 듣는 쪽이 되어 생각해 봅시다. 그러면 저절로 말을 고르게 되고, 말투도 달라져 부드러운 인간관계가 만들어질 것입니다.

제4장

너무 가깝지도 너무 멀지도 않게,
적절한 거리 유지하기

때로는 다가서고, 때로는 물러서기

선의 정원에서는 기본 구상, 즉 전체를 내려다본 이미지를 다지는 것이 중요합니다. 이를 인간관계에 빗대어 말하자면 앞 장에서 다룬 내용들이 바로 기본 구상에 해당합니다. 이제부터는 기본 구상을 바탕으로 기분 좋은 인간관계를 만들기 위한 더 구체적인 실천 방법에 대해 짚어 보겠습니다.

앞서 인간관계에서는 상대와의 거리감이 매우 중요하다고 말한 바 있습니다. 상대와 거리를 지나치게 좁히면 숨이 막히고 갑갑해지고, 지나치게 멀리하면 아쉽고 쓸쓸해지므로 늘 적절한 거리감으로 상대를 대한다는 것이 인간관계의 궁극적인 비결입니다.

여기서 한 가지 더 기억해야 할 점이 있습니다. 비록 같은 상대일지라도 때와 장소, 상황에 따라 적절한 거리를 바꾸어야 한다는 것입니다.

예를 들어 학창 시절 친구와 사적으로 만날 때는 거리가 가까워야 서로 기분 좋은 사이를 이어갈 수 있습니다. 하지만 친구와 일로도 엮여 있어 그의 회사를 찾아가 업무 이야기를 해야 되는 상황이라면 거리는 바뀝니다. 상대의 직함이나 지위를 헤아려 거리를 조절해야 합니다.

"과장님, 이번 주말까지 답변을 받을 수 있을까요?"

허물없는 친구라고 해서 사적으로 만날 때처럼 편하게 생각하는 사람들이 종종 있습니다.

"알지? 이번 주말까지는 답변 꼭 줘야 한다?"

이래서야 누가 봐도 세상 물정 모르는 사람이 되고 맙니다. 백 보 양보해서 두 사람끼리 하는 회의라면 그것도 '있을 수 있는 일'일지 모르지만 상대의 회사 사람이 동석한 자리에서는 절대로 금물입니다.

상사와 부하 직원의 관계도 그렇습니다. 만약 가족끼리도 알고 지낼 만큼 친한 상사라도 업무 현장에서는 당연히 부하 직원으로서의 본분을 다해야 합니다.

물론 그런 것은 직장인의 상식이니 누구나 다 알겠지요. 그런데도 굳이 말한 것은 거리감에는 '탄력성이 있다'는 점을 새롭게 인식하기를 바라기 때문입니다.

거리가 가까운 연인 관계 역시 탄력적으로 생각해야 합니다. 이를테면 마침 그가 회사에서 중요한 일을 맡아서 정신적으로 여유가 없을 때 데이트를 했다고 합시다. 사정이 그렇다 보니 평소와 달리 마음과 신경이 온통 딴데 가 있어 보입니다. 그때 "모처럼 만났는데 왜 그래? 좀 웃으면서 재밌게 놀자" 하고 평소의 거리감으로 대하면 어떻게 될까요. 그로서는 기분이 좋지 않을 것입니다. 이때는 조금 거리를 두어야 할 상황입니다. 대화가 흥겹게 이어지지 않더라도 쓸데없이 이것저것 캐기보다 가볍게 식사라도 하고 일찍 자리를 파합니다. 그게 이 상황에서 적절한 거리감 아닐까요?

부부 사이, 가족 사이도 마찬가집니다. 사람의 마음 상태는 그때그때 달라집니다. 그것을 감지하여 때로는 다가서고 때로는 물러서며 유연하게 거리를 조정할 줄 아는 마음가짐이 중요합니다. 그러려면 역시 경험이 쌓여야겠지요. 실패해도 괜찮습니다. 실패의 경험을 밑거름 삼아 탄력적인 거리감을 차차 익혀 가면 되니까요.

행동과 표정으로
상대의 감정 파악하기

그때그때 적절한 거리를 찾아내려면 먼저 상대의 마음을 헤아리는 일에 집중해야 합니다. 선어로는 '이심전심(以心傳心)'이라고 하는데, 비록 말하지 않아도 마음에서 마음으로 생각이 전해진다는 뜻이지요.

이심전심의 능력, 즉 상대의 마음속을 헤아리는 능력을 키우기 위해서는 상대를 관찰하는 자세가 필요합니다. 표정의 변화, 사소한 몸짓, 말의 속도 등을 세심하게 관찰하다 보면 상대의 속마음을 어느 정도 알아채는 데 도움이 됩니다.

가령, 웃는 얼굴만 보더라도 부드럽게 풀린 표정과 억지로 꾸며 낸 표정은 확연히 다릅니다. 마주한 상대가 어쩐지 어색한 웃음을 짓는다면 겉으로는 기분이 좋아 보여도, 속으로는 딴생각을 하고 있거나 지금의 자리가 불편하다는 신호일 수 있습니다.

이럴 때는 가급적 상대와의 거리를 멀찍이 두는 편이 현명합니다. 상대에게는 아직 마음의 여유가 없기 때문에 무리하게 끌어당기면 관계가 틀어질 수 있으니까요.

행동이나 몸짓에도 자연스럽게 감정이 드러나는 법입니다. 초조하면 행동이 성급해질 것이고 화가 나면 몸짓이 난폭해집니다. 이 점 역시 상대의 감정을 알아차리고 적당한 거리를 조정하는 데 중요한 실마리가 됩니다.

사람과 사람의 관계가 발전하는 데는 어떠한 계기가 있기 마련입니다. 그 계기를 놓치면 좋은 관계를 쌓을 수 있었던 사람과 멀어진 채 끝나고 맙니다. 그 상대가 인생의 스승으로 우러를 만한 인물일 수도 있고 둘도 없는 친구가 될 만한 사람일 수도 있습니다. 그런 소중한 인연과 닿을 기회를 놓친다면 얼마나 안타까운 일인가요?

그러니 이심전심을 통해 평소 주변 사람들을 잘 관찰하는 습관을 지녀 보시길 바랍니다. 생각지도 못한 인연이 여러분의 인생에 언제 찾아올지 모를 일이니까요.

바꾸려 하지 말고
내버려 두자

인간관계에는 상대에게 취해야 할 기본적인 태도가 있습니다. 바로 '상대를 바꾸려 하지 않는다'는 것입니다.

잘 알고 있다고 생각하지만 실제로 우리는 바꿀 수 없는 것들, 즉 내가 스스로 어찌할 수 없는 '상대'를 바꾸어 보려고 애쓰다가 스트레스를 받는 경우가 많습니다.

혹시 여러분도 회사에서 동료와 이런 대화를 나눈 적은 없었나요?

"우리 과장님은 왜 후배를 못 믿고 사사건건 잔소리해 대는지 모르겠어. 같이 일하기 정말 까다로워."

"그러게. 일을 믿고 맡기는 것도 상사가 해야 할 일인데……."

한번 생각해 보세요. '후배를 믿고 맡기지 않는다'는 말은 달리 말하면 상사가 '후배를 믿고 맡겨 주는 사람으로 바뀌었으면 좋겠다'고 바라는 게 아닐까요? 이런 마음을 지니면 나중에는 상사를 더는 믿지 못하거나 불만을 품고 지시를 따르지 않게 될 수도 있습니다. 시키는 일도 얼렁뚱땅 해치우듯 하겠지요. 어느 경우도 상사와의 관계가 더 악화되기 마련입니다.

아무리 바라고 소망해도 우리는 타인을 바꿀 수 없습니다. 애초에 불가능한 일을 하려고 하기 때문에 인간관계가 괴로워지고 마는 것이지요.

이를테면, 과거에 사랑했던 연인을 떠올려 보세요. 그때 내가 아무리 상대를 생각하고, 그 사람이 나를 돌아보기를 바랐다 하더라도 상대에게 그럴 마음이 없으면 아무 소용이 없었을 겁니다. 인간이 품는 감정 중에서도 특히 사랑은 가장 강력하지만, 그 강력한 사랑의 힘으로도 타인을 바꿀 수는 없습니다.

그러다 결국 상대를 원망하거나 미워하게 됩니다. 자칫하다가는 집착으로까지 이어져 상대가 떠나게 되는 최악의 사태마저 일어나기도 하지요. 이 모든 근본적인 원인 역시 상대를 '바꾸려 했다'에 있습니다.

선에서는 어떻게든 되지 않는 것을 어떻게든 하려는 데서 고통이 시작된다고 여깁니다. 어떻게든 되지 않는 것은 내버려 두세요. 이미 바꿀 수 없는 것이므로 억지로 바꾸려 하지 않습니다. 그것이 선의 사고방식이자 인간관계의 기본입니다. 바꾸려 하다 보면 상대가 바뀌지 않는다는 데 애가 타고 화가 날 것이고, 그러다가 스트레스로 쌓이겠지요. 하지만 그냥 내버려 두면 마음이 술렁이거나 번잡해지지도 않습니다.

내 마음의 평온함을 유지하면 지금까지와는 다른 거리감으로 그 사람과 잘 지낼 수 있습니다. 즉, 거리를 충분히 두었을 때 보다 건강하고 유쾌한 관계를 유지할 수 있다는 말입니다. 앞에서 이야기한 상사의 사례로 말하자면, 상사가 업무에 대해 어떤 참견을 하더라도 흘려들을 수 있게 됩니다.

어떤 상대건 바꾸려 하지 않는 자세를 지켜 나가시기 바랍니다. 그렇게 하면 모든 인간관계가 간소해지고 마음의 여유가 생겨 소통도 더욱 잘 이루어집니다.

모두에게
좋은 사람이란 없다

우리는 많은 사람과 관계를 맺으며 살아갑니다. 그렇기 때문에 내가 다른 사람들에게 어떻게 보이는지 신경 쓰는 것은 어쩌면 당연할지도 모르겠습니다.

저는 타인의 시선을 신경 쓰는 마음, 그 근원에는 사람들에게 '잘 보이고 싶다', '좋은 사람으로 인정받고 싶다'는 욕구가 내재되어 있다고 생각합니다.

업무상 관계에 빗대어 말하자면 '일도 야무지게 잘하고 성격도 좋은 사람'으로 인정받고 싶은 마음이겠지요.

물론 그런 마음이야 있어도 좋습니다. 누구든지 무능하고 불쾌한 사람으로 평가받는 것을 좋아하는 사람은 없을 테니까요.

그러나 잘 보이고 싶은 욕구, 좋은 사람으로 인정받고 싶은 욕구가 목적이 되면 힘들어집니다. 그 목적을 달성하기 위한 '수단'에 시선이 쏠릴 뿐 아니라 마음을 온통 빼앗겨 버리기 때문입니다.

그렇다면 좋은 사람이 되기 위한 방법은 무엇일까요?

내가 생각하는 좋은 사람이 아니라 상대가 바라는 좋은 사람에 가까워지면 됩니다. 그게 바로 상대와 거리를 좁히는 방법이지요.

이를테면 상대가 신중하고 속 깊은 사람을 좋아한다면 그에 맞게 행동거지를 차분하고 바르게 갖추면 됩니다. 하지만 잘 보이고 싶은 사람이 여러 명일 경우에는 조금 다릅니다. 개개인마다 바라는 인물상에 모두 맞춰야 하는 문제가 생기지요. 상대가 누구냐에 따라 어떤 때는 점잖게 행동해야 하고, 또 어떤 때는 호탕하고 너그러운 모습을 보여야 합니다. 열정적인 면모를 과시해야 할 때도 있고, 냉철한 면을 강조해야 할 때도 있습니다.

과연 현실적으로 가능한 일일까요?

누군가의 보조에 맞춰 살게 되면 여간 피곤한 일이 아닙니다. 설령 당장은 상대와 좋은 관계를 맺었다 하더라도 상대가 마주하는 사람은 '가짜의 나'일 뿐 있는 그대로의 내 모습이 아닙니다. 이것이 제대로 된 인간관계라고 할 수 있을까요? 설령 관계를 억지로 지속한다 한들 나중에는 자신까지 잃어버리게 될 것입니다.

이제 슬슬 '좋은 사람'이라는 간판을 내려 둡시다. 누구에게도 억지로 좋은 사람이 될 필요는 없습니다. 그것이 오히려 부자연스러운 일입니다. '훼예포폄(毁譽褒貶)'이라는 말이 있듯이 남을 헐뜯는 사람과 칭찬하는 사람은 그 수가 반반인 법입니다.

나를 좋은 사람이라고 생각해 주는 사람이 있는 만큼 반대로 나를 거북하게 생각하는 사람이 있는 것은 당연하지요. 그렇게 생각을 바꾸면 마음이 한결 가벼워질 것입니다.

중요한 것은 자신을 잃지 않는 것입니다. 있는 그대로

의 자신으로 사는 것이지요. 그 원점을 잊은 인간관계는 어김없이 부자연스러운 관계, 일그러진 관계가 되고 맙니다.

사랑받기 위한 수단을 짜내기보다 미움받을 용기를 낼 줄 아는 사람이 되시기 바랍니다. 있는 그대로의 자신을 속이지 않을 때 비로소 바람직한 인간관계도 쌓아 갈 수 있다는 것을 명심하세요.

'덕분에'라는
마음의 힘

하루하루 빠르게 변화하고 있는 현대 사회에서는 서로 간에 배려와 감사의 마음이 차츰 사라지고 '내가 먼저', '나를 위해서' 같은 이기심이 만연해지는 듯합니다.

여러 가지 원인이 있겠지만, 저는 현대인들이 '덕분에'라는 마음을 잊고 살기 때문이 아닐까 생각합니다. '덕분'이라는 말의 어원은 '선조'입니다. 비록 이 세상에 없지만, 그분들이 있기에 지금의 우리가 존재하므로 감사하는 마음을 갖는 데서 '덕분'이라는 단어가 비롯되었지요.

혹시 여러분은 식당에서 식사할 때 눈앞에 놓인 요리

를 보고 누군가가 애써 준 '덕분에' 먹는다고 생각해 본 적이 있나요? 이런 질문을 하면 '내 돈 내고 먹는 건데 누구 덕분인 게 어딨어'라는 반응이 일반적이겠지요.

하지만 선에서는 밥알 하나도 백 명의 사람이 애써 준 '덕분'이라고 생각합니다. 이를테면 모를 기르고, 논에 심고, 김을 매고, 비료를 주고, 베어 내는 등의 작업을 해 준 농부들에게 감사하는 마음을 갖는 것입니다.

농부뿐 아니라 벼농사에 쓰는 비료나 농기계를 만드는 사람들, 쌀 가마니를 여러 지역으로 유통하는 사람들, 식당에서 조리하고 서비스하는 사람들 등 쌀 한 톨이 식탁에 오르기까지 보이지 않는 곳에서 열심히 일해 준 사람들 '덕분'이라고 생각하지요.

이처럼 누군가가 내게 베푼 은혜에 감사하는 마음가짐이 바로 '덕분에'라는 마음입니다. 이 마음을 지니면 음식을 가져다 준 사람에게 "고맙습니다"라고 말하거나 식사 직전에 "잘 먹겠습니다"라는 한마디를 잊지 않게 됩니다.

'덕분에'라는 마음은 일상생활에서 만나는 인간관계에도 긍정적인 영향을 줍니다.

가령, 전력을 다해 매달린 거래처와의 계약이 성공했다고 합시다. 이럴 때 사람들은 으레 '이건 내 실력으로 만들어 낸 결과다'라고 생각하기 마련입니다. 하지만 정말 그럴까요?

업무 상대와 직접 소통하며 계약을 진행한 사람은 나일지라도 계약 시 필요한 자료들을 준비해 준 사람, 거래처와의 미팅을 위해 연락을 담당해 준 사람, 미팅할 때 필요한 기획서를 깔끔하게 정리해 준 사람 등 이 일에 관련된 모든 사람 덕분에 계약이 성사된 것입니다.

아무리 능력이 뛰어난 사람이라도 혼자 할 수 있는 일에는 당연히 한계가 있습니다. 조금만 주위를 둘러보면 의외로 보이지 않았던 많은 조력자가 여러분을 도와주었다는 사실을 깨닫게 될 것입니다. 그러면 자연스럽게 감사하는 마음으로 상대를 대할 수 있지요.

"자료를 꼼꼼하게 잘 챙겨 줘서 고마워. ○○씨처럼 든든한 후배가 있어서 다행이야."

"△△씨, 지난번에 기획서를 대신 정리해 줘서 고마워. 덕분에 잘 풀렸어."

"매일 늦게 집에 와도 불평 한마디 안 하고 일에 집중할 수 있게 도와줘서 고마워, 여보."

'덕분에'라는 마음은 서로 간의 거리를 줄이고 한 걸음 더 다가가는 데 가장 좋은 방법이기도 합니다. 이 말의 힘을 아는 사람은 주위 사람들로부터 더 많은 지지를 얻게 되고, 나아가 앞으로도 조력자들의 협력을 얻어 더 큰 일을 할 수도 있습니다. 지금 당장은 눈에 띄지 않더라도 훗날에는 '다 내가 잘나서다!' 하고 자만하는 사람들과 반드시 차이를 만듭니다.

두근대고 설레는 관계만
좋은 걸까?

"매일 같은 업무만 반복하고 딱히 특별한 일도 없으니 무슨 재미로 사는지 모르겠어."

매너리즘에 빠진 사람들에게 나타나는 전형적인 증상입니다. '평범한 나날 → 자극이 없다 → 시시하다 → 사는 것 같지 않다'는 의식의 흐름입니다.

하지만 과연 아무 일도 일어나지 않는다고 해서 인생이 따분하고 지루해지는 걸까요? 반드시 자극이 있어야만 재미있고 활기찬 인생을 사는 걸까요?

선어에 '안한무사(安閑無事)'라는 말이 있습니다. 아무 일도 없는 것에 감사하는 마음을 가지라는 의미입니다. 선에서는 무엇에도 얽매이지 않은 마음으로 고요하고 자유로운 나날을 보낼 때 진정한 행복을 느낄 수 있다고 봅니다.

사람은 아무래도 자극적인 것에 끌리기 마련이지만, 같은 자극도 계속 반복되면 즐거움이 급격히 줄어듭니다. 또한 자극은 희로애락의 감정을 뒤흔듭니다. 그 상태가 계속되면 평정심을 잃고 마음이 소란스러워집니다. 게다가 시야가 좁아지는 바람에 어떤 사안에서도 올바른 판단을 내리기 힘듭니다.

인간관계, 특히 오래된 연인이나 부부 사이에도 매너리즘이 나타날 때가 있습니다.

"요즘 그 사람이랑 권태기인가 봐. 만나도 설레지 않고 별 감정도 안 느껴져."

연인끼리도 관계가 길어지면 감정이 뜸해지고 권태로움이 느껴집니다. 하지만 생각해 보세요. 상대가 누구든 처음처럼 설레는 마음이 지속된다는 게 과연 가능할까요? 언제까지나 설레는 관계만이 반드시 좋은 걸까요?

세월이 흐르면서 사람과 사람 사이의 관계가 바뀌는 것은 지극히 당연하고 자연스러운 변화입니다. 이제는 두근대지 않는다고 해서 상대에 대한 내 마음이 또는 나에 대한 상대의 마음이 시든 것은 아닙니다.

오히려 서로를 향한 마음이 전보다 더 깊고 그윽해져서 보이지 않는 강력한 신뢰와 유대가 형성된 것이지요. 두 사람의 거리는 같아도 밀도가 진해진 셈입니다. 마치 오랜 세월 해로한 노부부가 아무 말도 없이 그저 나란히 앉아 있는 모습에서 서로를 배려하는 깊은 애정이 전해지는 것처럼 말이지요. 틀에 박힌 관계를 탓하기 전에 그 속에 숨은 보이지 않은 변화를 깨달으시기 바랍니다. 그러면 아무 일도 없다는 것, 그리하여 서로의 관계가 편안하고 평온한 것이 얼마나 고마운 일인지 알게 됩니다.

'일기일회(一期一會)'라는 선어가 있습니다. 다도에서 유래한 말인데, 이 사람과 만나고 있는 지금의 시간은 평생에 단 한 번뿐, 두 번 다시 돌아오지 않으므로 그 순간을 소중히 여기고 온 진심을 다해 성의를 베풀라는 뜻입니다.

이 일기일회의 마음으로 상대를 대한다면 인간관계에서 매너리즘에 빠지는 일은 결코 있을 수 없습니다. 만나는 그때그때가 늘 가장 중요한 순간이므로 상대를 대할 때마다 힘껏 최선을 다하게 되지요.

일기일회의 마음을 늘 가슴에 새기며 사는 인생과 그렇지 않은 인생은 밀도가 다르다는 사실을 잊지 마시기 바랍니다.

억지로 이해하지 않아도
괜찮아

업무상 관계일 때는 상대의 능력이나 업무 방식을 어느 정도 파악하면 관계에 문제가 일어날 일이 별로 없습니다. 설령 인간적으로는 좋아지기 힘든 상사, 이해하기 어려운 부하 직원일지라도 예의에 어긋나지 않는 선에서 사무적으로만 대한다면 함께 지낼 수 있습니다.

하지만 사적인 관계에서는 서로를 이해하려고 듭니다. 아무리 친밀한 사이라 하더라도 상대는 내가 아닌 이상 이해할 수 있는 범위에는 한계가 있는 법인데, 막상 현실에서는 그 사실을 잊기 쉽습니다.

'그(그녀)는 내 모든 것을 이해해 줘.'

'나는 그(그녀)를 완벽하게 알고 있어.'

무의식중에 이런 생각을 하게 되지요. 하지만 태어난 곳도, 자라 온 환경도, 받은 교육도 다른 사람끼리 서로를 완벽하게 이해할 턱이 없습니다. 단지 이해하고 있다고 오해하고, 착각할 뿐입니다.

연애를 할 때는 특히나 상대에게 맞추려는 마음이 강합니다. 다시 말해 상대가 내게 느끼고 있는 거리를 헤아리면서 그 거리에 일부러 나를 놓는다는 이야깁니다. 함께 식사할 때도 사실은 밥과 국을 좋아하지만 상대가 이탈리아 음식을 좋아하면 이탈리아 레스토랑에서 식사하는 일이 많아집니다. 그러면 상대는 오해를 하고 맙니다.

'이 사람도 스파게티를 좋아하네. 음식 취향이 같아서 다행이야.'

데이트를 할 때도 마찬가지입니다. 야외 데이트를 주로 즐긴다고 해서 상대를 활동적인 사람이라고 단정 지을 수는 없습니다. 단지 내게 맞추어 주고 있을 뿐 평소에는 집에서 느긋하게 지내는 것을 더 좋아할 수도 있지요.

이렇듯 연애를 하면서 생긴 오해들은 결혼 생활을 하게 되면 결국 갈등으로 이어집니다. 같이 지내는 시간이 더 늘면서 아무래도 상대에게 맞추기가 현실적으로 힘들기 때문이지요. 그러다 곧 상대에게서 자기가 알던 것과는 다른 면을 발견하게 되고, "당신이 이럴 거라고는 정말 상상도 못했다"며 원망합니다.

하지만 잘못은 일방적으로 한 사람에게만 있는 것이 아닙니다. 만약 이런 상황이라면, 상대를 탓하기보다 '오해'를 '이해'라고 착각한 자신의 잘못부터 제대로 인정해야 합니다.

타인을 이해하는 데는 한계가 있고, 이해에는 착각이 일어나기 쉽다는 점을 명심하세요. 그래야 자신이 안다고 생각했던 상대의 본모습이 드러나도 유연하게 받아들일 수 있습니다.

'내가 알던 그 사람과는 조금 다르지만 그게 당연해. 앞으로는 그의 새로운 면도 소중히 여겨야지.'

똑같은 일을 두고도 해석이 달라집니다. 그러면서 조금씩 상대를 올바르게 이해해 갑니다. 이것은 연애 관계에 머무르지 않고 개인적인 인간관계 전반에 두루 통하는 효과적인 방법이기도 합니다.

상식을 객관적으로 바라보기

인간관계를 원활하게 만들기 위해서는 상식을 알고 지키는 태도가 필요합니다. 상식이라는 사회적인 테두리가 있어야 타인으로부터 나를 지키고, 자신 역시 다른 사람에게 상처를 입히지 않을 테니까요.

하지만 상식에 지나치게 얽매이면 자칫 자기다움을 잃어버릴 수도 있습니다. 혹시 여러분도 상식에 연연하느라 자기 자신을 옥죄었던 적은 없었나요?

이를테면 나이 지긋한 중년 남자가 젊은 세대에서 유행하는 옷을 입고 다니면 주변에서 이런 말을 합니다.

"옷이 너무 화려한 거 아니에요? 나이에 맞는 옷을 입으셔야죠."

도리에 어긋난 일을 한 게 아닌데도 나이에 걸맞아야 한다는 세간의 상식 때문에 나만의 개성을 표현하는 데 제약을 받는 것입니다.

멋이란 인생을 즐기는 중요한 요소 중 하나입니다. 그러니 이런 경우에는 세간의 상식과 거리를 둡시다. 상식이라고 해서 무조건 지키고 볼 것이 아니라 객관적으로 바라본 다음 자기 나름대로의 철학을 밀고 나가야 할 때도 있는 법이니까요.

세간의 상식은 인간관계에서도 암묵적으로 작용합니다. 가령, '세대 차이'라는 말이 그렇습니다. 세대 차이가 나서 대화가 잘 통하지 않는다느니, 나이대보다 어린 사람들과 어울리면 남들이 철없게 본다느니, 연령대가 다르면 함께 지내기 번거롭고 어렵다는 말들이 바로 그런 예지요.

이런 상식도 일단 객관적으로 살펴보았으면 합니다. 물론 나이가 비슷한 사람끼리는 자라 온 사회문화적 배

경과 환경이 같아서 확실히 대화가 잘 통합니다. 하지만 그렇게 해서는 인간적인 성장을 기대하기가 어렵습니다.

나보다 연장자와 어울리면 상대가 먼저 겪었던 경험을 통해 삶의 지혜나 지식, 정보 등을 배울 수 있습니다. 또한 사회문화적 환경의 차이에서 비롯된 다른 사고방식과 관점을 접할 수 있어 시야를 넓히는 데 큰 도움이 됩니다. 비슷한 또래와의 교류에서는 절대로 얻을 수 없는 것들이지요.

반대 경우도 마찬가지입니다. 나이가 많은 사람이라도 젊은 세대와 자주 교류하면, 빠르게 변하는 사회적 트렌드를 쉽게 파악할 수 있고 톡톡 튀는 참신한 발상과 아이디어를 얻을 수 있습니다. 또 최첨단 기기나 편리한 서비스 등 최신 정보를 접하여 훨씬 유익한 생활이 가능하겠지요. 이러한 경험은 마음에 새롭고 산뜻한 바람을 불어넣어 지금까지 쌓아 온 인생의 나이테에 두께와 빛깔을 더해 줄 것입니다.

흔히 세대 차이라는 말을 쓰지만, 명백히 말하면 사람과 사람의 관계에 차이는 애초에 존재하지 않습니다.

차이는 오로지 마음이 만들어 낼 뿐입니다. 그러니 마음을 어떻게 가지느냐에 따라 그 장벽을 충분히 없앨 수 있습니다.

한 사람이어도 괜찮습니다. 세대를 뛰어넘어 어울릴 수 있는 친구를 한 사람이라도 사귀세요. 그러면 어느 세대라도 살아 있는 '지금'이 더욱 풍요로워질 것입니다.

제5장

거북한 사람을
내 편으로 만드는 법

잣대는
조금 느슨하게

우리가 인간관계로 고민하거나 갈등하는 이유는 대부분 거북하고 싫은 상대가 있기 때문입니다. 아무래도 싫은 사람과는 되도록 멀찍이 떨어져 말도 섞지 않았으면 하지만, 직장 동료처럼 업무적인 관계로 얽혀 있거나 같은 지역 모임에서 함께 활동하는 사이라면 그저 피한다고 다가 아닙니다.

이런 경우라면 자신이 왜 상대로부터 '거북하고 싫다'는 인상을 받았는지 생각해 봅시다. 대부분 그 원인은 상대가 과거에 했던 말이나 행동에서 비롯되었을 가능성이 높습니다. 상대가 무심코 던진 말에 상처를 받았다거나 무심한 말투에 신경이 거슬렸다거나 예의 없는 행동 때문에 나를 무시하는 느낌이 들었다거나 등 대개 내 마음에 들지 않는 행동으로 상대에게 나쁜 인상을 받은 것이지요.

주목해야 할 점은 '내 마음에 들지 않는다'입니다. 즉, 그 사람의 말이 가슴을 찌른 것도, 말투가 무례하다고 느낀 것도, 나를 무시한다고 느낀 것도 모두 나의 가치관과 잣대에 따른 판단입니다. 가치관이나 잣대는 사람마다 주관적이라서 같은 말과 말투, 행동을 해도 전혀 신경 쓰지 않는 사람도 있습니다. 그렇다면 내 잣대로 평가한 상대의 모습은 과연 정확한 걸까요?

이것은 의심해 보아야 합니다. 잣대에는 자의(恣意), 다시 말해 주관적인 감정이 깊이 개입하기 때문입니다. 예를 들어 업무상 얽힌 거래처 직원에게 "○○씨는 일이 없어서 좋겠네요. 저는 일이 많아서 주말에도 출근해야 할 지경이에요"라는 말을 들었다고 합시다. 정작 상대는 별 생각 없이 한 말인데도 그 말에서 가시를 느끼고 울컥하는 사람들이 있습니다.

'거 참 무례한 사람이네. 나더러 일 없어서 한가해 보인단 말이 하고 싶은 거야 뭐야?'

반면에 그 말을 곧이곧대로 받아들여서 "너무 힘드시 겠네요. 몸 상하지 않게 조심하세요"라고 대응하는 사람도 있겠지요. 후자는 상대와의 관계가 변함없이 원만하게 흘러가지만, 전자의 경우는 상대를 거북하게 여기고 점점 멀리하게 됩니다. 관계가 변한 것이지요.

행동이 문제가 될 때도 마찬가지입니다. 같은 행동을 하더라도 어떤 사람은 당돌하고 대범하다고 받아들이는 반면, 어떤 사람은 버릇없고 주제넘는다고 생각합니다. 행동을 판단하는 데도 자의가 작용하기 때문입니다.

물론 잣대를 가지는 것은 좋습니다. 자신의 발언이나 행동의 규범이 되기도 하니까요. 다만 타인을 평가할 때는 자신의 잣대를 세우기보다 다소 느슨하게 바라보는 자세가 필요합니다.

'저 사람은 왜 항상 말을 저런 식으로 하는 거야? 불만이 있으면 말로 할 것이지. 정말 마음에 안 들어.'

만날 때마다 이런 생각이 들게 만드는 상대가 있나요? 그렇다면 상대의 말과 행동을 내 잣대가 아닌 객관적으로 다시 바라보세요. 자신이 색안경을 쓴 게 아닌지 곱씹어 보는 것입니다.

'그래, 저 사람은 누구에게나 늘 저런 말투였어. 어쩌면 내가 너무 예민하게 받아들인 걸지도 몰라.'

마음의 여유를 가지고 상대를 대하면 쓸데없는 일에 감정을 소모하거나 신경이 곤두서서 정신 건강을 해치는 일도 줄어듭니다.

사람은 다양하고 다채롭습니다. 마음은 따뜻한데 비꼬기 좋아하는 사람도 있고 칠칠치 못하지만 싹싹한 사람도 있습니다. 행동은 거칠지만 마음 씀씀이가 비단결인 사람도 있을 것이고, 무뚝뚝한 정열가, 우직한 촐랑이도 있겠지요. 이 세상은 온갖 개성을 가진 사람들로 넘쳐 납니다. 같은 사람은 누구 하나 존재하지 않지요. 그렇기 때문에 잣대를 융통성 없이 사용하면 그 사람만의 진가를 놓치고 맙니다.

싫은 사람의 말일수록 유심히 듣는다

흔히 대화를 캐치볼에 비유합니다. 내가 던진 말을 상대가 받고, 상대가 던진 말을 내가 다시 받는 과정을 되풀이하면서 의사소통이 진행되기 때문이지요.

그런데 요즘은 저마다 자신이 할 말만 툭 던지고 마는 듯합니다. 상대가 내 말을 제대로 이해했는지, 상대가 나에게 다시 던진 말은 무엇인지에는 별로 신경 쓰지 않습니다.

이러한 현상은 스마트폰이 보편화되면서 더욱 심해졌습니다. 이야기를 실컷 하고 나서는 상대가 이야기를 시작하면 스마트폰을 쳐다보며 건성으로 듣는 사람들이 굉장히 많습니다. 이런 식으로 소통을 하니 인간관계가 점점 얄팍해지는 것이 어쩌면 너무나 당연할지도 모르겠습니다. 좋은 인간관계를 맺기 위한 첫 번째 조건은 상대의 이야기를 잘 듣는 자세이기 때문입니다.

상대가 무엇을 전달하고 싶은지, 그때 어떤 기분이 들었는지, 내가 어떻게 해 주었으면 좋겠는지 등 그 의도를 바르게 파악하려면 잘 경청하는 수밖에 없습니다. 이를 파악하지 못한다면 내 쪽에서도 알맞은 말을 되돌려 주지 못합니다. 마음을 나누지 못하고 서로 어긋난 채 아까운 시간만 낭비하는 꼴입니다.

또한 때에 따라서는 말을 잘 들어 주는 편이 상대에게 더 강한 신뢰감을 주기도 합니다. 그 좋은 예가 바로 영업에서의 대화입니다. 일반적으로 말솜씨가 화려하고 막힘 없이 능숙한 사람이 영업에서 실적을 올린다고 생각하지만 실제로는 그렇지 않습니다.

자사 제품의 장점을 청산유수로 줄줄 읊어 대기만 한다면 고객 입장에서는 강매로 여겨져 오히려 좋은 인상을 받지 못합니다.

'장점이 이렇게나 많다고? 눈 하나 깜짝 안 하고 말하네. 잘 알아보고 구매해야겠어.'

이런 식으로 받아들여 되도록 거리를 두려고 합니다. 오히려 고객에게 신뢰를 받는 영업자는 말수가 적더라도 고객이 바라는 것에 귀를 기울이고, 차분히 들으며 공감해 주는 사람입니다.

'물건을 파는 것보다 고객의 이야기를 더 진지하게 들어 주네. 이런 사람이라면 믿을 수 있겠어.'

이렇게 받아들여 마음을 터놓고 상대가 거리를 좁혀 오는 것을 허용합니다. 신뢰감이 생기면 그가 파는 물건이라면 사도 될 것 같다는 생각이 들 뿐만 아니라 지인과 친구에게도 소개하고 싶은 마음이 생깁니다. 이러한 인연이 이어지니 당연히 영업 실적도 오르겠지요.

이처럼 상대의 이야기를 잘 들어 주는 자세는 인간관계를 맺는 데 매우 중요합니다. 되도록 상대의 말을 중간에 자르지 말고 흐름이 끊어지지 않도록 배려하세요. 기왕이면 상대의 말에 "잘했어, 나라도 그렇게 했을 거야!"

공감하며 간간이 맞장구도 쳐 주세요. 그러면 커뮤니케이션도 더욱 깊어지고 서로를 더 잘 이해할 수 있습니다. 나중에는 신뢰가 쌓이고 쌓여 어떤 것이든 털어놓을 수 있는 깊은 사이로까지 발전할지도 모를 일이지요.

단지 첫인상만으로 상대를 '좋다, 싫다' 또는 '편하다, 거북하다'고 섣불리 판단하는 것은 경솔한 행동입니다. 좋은 인연이 될 수도 있는 관계를 놓쳐 버리게 되니까요. 이제부터는 거북한 상대라도 우선은 그의 말을 듣는 데 신경 쓰고 대화해 보세요.

차분히 귀를 기울이다 보면 어느덧 그 사람과 나 사이에 지금까지와는 전혀 다른 공기가 흐른다는 걸 느끼게 될 것입니다.

상대를 내 기준에
맞추지 않는다

남은 남, 나는 나. 어찌 되었든 나는 내 갈 길을 간다.

철학자 니시다 기타로가 한 말입니다. '남은 남, 나는 나'라는 지극히 당연한 이 말을 정면으로 부정하는 사람은 아마 없을 것입니다. 하지만 막상 현실을 살아가다 보면 실천하기가 말처럼 쉽지 않습니다. 이를테면 업무 처리가 느린 부하 직원을 두고 이런 생각을 합니다.

'후배니까 어쩔 수 없다고 쳐. 아무리 그래도 너무하잖아. 한 시간이면 끝낼 일을 언제까지 붙잡고 있을 거냐고!'

부하 직원은 부하 직원, 나는 나일 텐데도 능력이 뒤떨어지는 부하 직원에게 자기와 같은 능력을 원하며 비판하고 화를 냅니다. 본래 두어야 할 거리를 잃고 자신의 영역에 상대를 억지로 끌어들이려는 것입니다.

스포츠 분야에서 일하는 사람들이 종종 하는 말이 있습니다.

'뛰어난 선수가 꼭 뛰어난 감독이 되지는 않는다.'

이 말은 현역 시절에 훌륭한 기량을 보여 주었던 선수가 현역에서 은퇴하고 감독이 되고 나서는 선수를 잘 지도하지 못하거나 팀을 제대로 이끌지 못한다는 이야기입니다. 역시 타인을 자신과 똑같이 보고, 자신과 똑같기를 요구하는 전형적인 사례입니다. 그러니 "(나는 할 수 있는데) 왜 그걸 못 하지? 대체 뭘 하는 거야!"라며 질책하지요. 이래서는 선수와의 관계가 잘 풀릴 리 없습니다.

선에서는 남은 남으로서 절대적 존재이며, 나는 나로서 절대적 존재라고 여깁니다. '절대'라는 의미는 지금, 여기에서 목숨을 받아 넘치거나 모자람 없이 살고 있다는 뜻으로, 남과 나 모두 그런 존재입니다.

그러므로 넘치거나 모자람 없이 사는 누군가에게 '여기가 모자라지 않느냐'고 비난할 수 없습니다. 일이 느린 부하 직원도, 기량이 어중간한 선수도 지금, 여기에서 목숨을 받아 절대적인 존재로 살고 있습니다.

물론 업무 능력을 높이는 것, 운동 기량을 높이는 것은 바람직한 일이지만 그렇게 하느냐 마느냐는 어디까지나 본인에게 맡겨진 일이지 주변에서 이러쿵저러쿵 말할 일이 아닙니다. 아무리 입이 닳도록 권해도 본인이 마음먹고 행동하지 않으면 소용없는 일입니다.

오히려 남의 존재를 무시한 채 자신의 잣대를 밀어붙이려다 관계에 깊은 골이 생기기도 합니다. 도리에 어긋나는 행동을 하니 조바심이 나고, 쌓인 스트레스가 화로 변해 결국 자신에게 돌아옵니다.

일체중생실유불성(一切衆生悉有佛性)

모든 생명이 불성, 즉 부처의 마음을 지닌다는 뜻입니다. 그러므로 내 안에 자리한 부처님의 마음은 훌륭하고,

타인 안에 자리한 부처님의 마음은 대수롭지 않다는 것은 있을 수 없습니다.

남은 남으로서 절대적인 존재이며 나는 나로서 절대적인 존재라는 점을 깨닫기 바랍니다. 그러면 어떤 상황에서든 타인을 수평적인 시선으로 바라보게 됩니다.

자신의 시선을 높여 남을 내려다보면 남이 작게 보이고, 자신의 시선을 낮춰 남을 올려다보면 남이 크게 보이는 법입니다. 어느 쪽이건 상대를 바르게 보지 않습니다.

늘 수평적인 시선으로 남을 보아야 한다는 점을 명심하고 실천하도록 노력합시다. 남은 남, 나는 나라는 사실만 잘 기억한다면 어떤 상대와도 적절한 거리를 흔들림 없이 유지할 수 있습니다.

인간관계에서
빠른 판단이 중요한 이유

무슨 일이든 시작과 끝이 있습니다. 한 가지 일을 마무리 지으면 다음 일을 곧바로 시작할 수 있지만, 좀처럼 마무리 짓지 못하면 다음 일의 시작이 늦어집니다. 그게 되풀이되면 일이 점점 지연되고, 결국 계획했던 일들을 제시간에 마무리하지 못한 채 쌓이고 맙니다.

마무리 짓지 못하는 원인은 판단을 내리는 속도가 늦기 때문입니다. 한 가지 일을 하더라도 결정을 내려야 하는 상황이 몇 번이나 찾아오는데, 그때마다 결정을 내리지 못하고 시간을 끌면 일이 정체되고 마는 것이지요.

좀처럼 판단을 내리지 못하는 사람은 주위를 곤란하게 만듭니다. 이 말은 반대로 판단이 빠르면 일에 관련된 사람들과의 관계도 좋아지고, 사기도 올라서 전보다 활기차게 일하게 된다는 뜻입니다. 또한 빠른 판단으로 결론을 지으면, 집중력 있게 다음으로 나아갈 수도 있습니다.

판단이나 결론을 내릴 때는 시간을 들인다고 해서 더 나은 결과를 얻지 않습니다. 오히려 질질 끌다가 내린 결론이 처음과 똑같은 경우가 많습니다. 판단이나 결론이 설령 잘못되었다 하더라도 괜찮습니다. 다시 돌아가서 수정하면 될 일이지요. 그러니 결정을 내릴 때는 너무 시간을 들이는 것은 좋은 방법이 아닙니다. 판단하거나 결론을 내려야 하는 상황에서는 되도록 '그 자리에서 내린다'라는 마음가짐으로 대응해야 합니다.

인간관계에서도 마찬가지입니다. 늘 긴장감을 잃지 않고 주변 사람들에게 즉각적으로 대응해야 하지요. 업무적인 관계에서는 특히 재빠른 처리가 매우 중요합니다. 이를테면 상대가 메일을 보내왔을 경우, 미루지 말고 바로 확인한 다음, 그때그때 해결하여 뒤에 남기지 않습니다. 저 역시 누군가로부터 메일을 받으면 하던 일을 멈추고 곧바로 답장을 보냅니다. 물론 시간이 걸리는 작업이라면 우선 하던 일을 마무리 짓고 나서 보내지만 되도록 그날 안으로 회신을 보냅니다.

대개 메일을 보낸 사람은 답장을 받고 나서 그다음 업무를 실행해야 하기 때문에 바로 회신을 주지 않으면 업무의 흐름이 끊겨 효율이 떨어집니다. 그러니 답장은 가급적이면 바로바로 전달하는 편이 좋습니다.

"○○씨는 언제나 바로 답장을 보내. 정말 일하기 편한 사람이야."

"△△씨는 답장이 항상 늦어. 요전에는 답장이 없어서 기다리다 못해 연락했더니 아예 잊고 있었지 뭐야."

양쪽의 차이는 분명합니다. 그 차이는 당연히 인간관계에도 영향을 미칩니다. 일로 엮인 인간관계에서는 아무리 오래 알고 지낸 허물없는 사이라 하더라도 항상 긴장감을 유지한 채 곧바로 해결해야 한다는 사실을 기억하기 바랍니다.

경쟁 상대를
일부러 만든다

인간관계는 상대에 따라 각각 달라집니다. 그렇다면 가장 바람직한 관계란 어떤 관계일까요?

저는 함께 어울리고 사귀면서 '서로 성장할 수 있는 관계'가 가장 바람직하다고 생각합니다. 이를테면 '본래의 경쟁 관계'처럼 말입니다. 굳이 '본래'란 말을 붙인 이유는 우리가 흔히 생각하는 지금의 경쟁 관계와는 다르기 때문입니다.

늘 성과를 요구하는 현대 사회에서는 누구나 결과에 민감할 수밖에 없다 보니 경쟁 관계의 의미가 조금 달라진 듯합니다. 그렇기 때문에 경쟁하는 상대가 실수하기를 은근히 바란다거나 상대를 궁지에 빠뜨려 방해하는 행동도 서슴치 않습니다. 이런 사람들은 경쟁 상대를 어떤 일이 있어도 넘어뜨려야 할 상대, 수단을 가리지 않고 이겨야 하는 상대로 여기지요.

물론 서로가 기를 쓰고 눈에 보이는 성과를 내기에 급급하니 실적이 오를 수는 있습니다. 하지만 실적이 올랐을 뿐 나 자신이 성장한 것은 아닙니다. 진정한 성장은 자기 자신을 갈고닦아 능력을 높이고, 인간으로서 그릇을 키우는 일입니다. 앞서 말한 '본래의 경쟁 관계' 역시 두 사람이 경쟁에 놓였을 때, 서로가 더욱더 노력하고 성장할 수 있도록 상대의 등을 떠밀어 주는 관계입니다.

"저 친구, 굉장히 노력하네. 나도 뒤처지지 않게 마음을 다잡아야겠어!"

기분 좋은 긴장감을 느낄 수 있는 거리에서 서로가 자신을 갈고닦을 수 있도록 의욕을 한층 북돋아 줍니다. 그러니 동료가 자신보다 실적이 높아도 박수를 쳐 주며 축하의 인사를 건네거나 반대로 동료가 곤경에 처하면 먼저 도움의 손길을 내미는 도량까지 갖추게 됩니다.

　일본 센고쿠 시대(15세기 중반부터 16세기 후반까지 이어진 내란 시대 – 옮긴이)의 무장 우에스기 겐신은 원수인 다케다 신겐이 다스리는 가이 지방이 소금이 부족해서 곤경에 처하자 소금을 보내 도왔다고 합니다. '적에게 소금을 보내다(적의 약점을 이용하지 않고 곤경에 처한 적을 돕는다는 뜻 – 옮긴이)'라는 속담은 이 일화를 바탕으로 나왔지요. 저는 이 두 무장이야말로 본래의 경쟁 상대, 즉 진정한 맞수라고 생각합니다.

　서로가 최고의 상태에서 정정당당하게 싸우는 것이야말로 경쟁이고, 이런 경쟁 상대만이 나의 성장을 돕는 진정한 사람입니다.

　그러니 눈을 크게 뜨고 주위를 잘 살피어 보기 바랍니다. 그동안 무심코 지나쳤던 주변 사람들 중에서 나의 성장을 도울 만한 좋은 경쟁 상대를 찾아봅시다. 업무 역량이 뛰어나거나, 인간적인 매력이 넘쳐 주위에서 인기가 많다거나, 도량이 크고 인격적으로 성숙하여 주변으로부터 존경을 받는다거나 어떤 장점을 지닌 상대여도 좋습니다. 기왕이면 평소 내가 배우고 싶었던 점이나 닮고 싶었던 사람이면 더욱 좋겠지요. 본받고 싶은 사람과 함께하면 확실히 나 자신을 성장시키는 훌륭한 계기가 될 테니까요.

물론 멀찍이서 바라만 보던 존경의 대상에게 선뜻 다가가기 쉽지 않습니다. 어렵고 부담스러울 수 있지요. 그럴 때는 주저하지 말고 일단 과감히 부딪쳐 보세요. 의외로 상대는 열린 마음으로 기꺼이 받아 줄지도 모릅니다. 다만 이해득실을 따져선 안 됩니다. 가령, '부장님과 가까이 지내면 승진의 기회가 더 자주 오겠지?' 하는 계산적인 마음으로 다가간다면, 이를 알아챈 상대로부터 단번에 거절당하겠지요.

상대에게 다가갈 때는 '배우고 싶다'는 진심 어린 마음을 지녀야 합니다.

"위기 속에서도 팀원들을 하나하나 챙기시는 부장님을 보고 진심으로 감동했습니다. 저도 나중에 좋은 리더가 되고 싶은데, 언제 한번 시간 나실 때 부장님께 조언을 듣고 싶습니다."

이와 같이 자신의 부족함을 드러내고 진실한 마음으로 배움을 청할 때, 상대도 나의 진심을 알고 기꺼이 마음을 열 것입니다.

'훈습(薰習)'이라는 선어가 있습니다. 갈아입을 옷 사이에 향기로운 향을 놓아두면 다음에 그 옷을 입을 때까지 그 향기가 은은하게 배어 있다는 의미입니다.

바꾸어 말하면, 이 말은 좋은 스승을 따르다 보면 그 사람의 행동거지, 사고방식, 사물을 보는 관점, 가치관 등이 내 몸에 자연스럽게 밴다는 뜻입니다. 본받고 싶은 사람과 관계를 맺는다는 것은 그야말로 '훈습'을 실천하는 일입니다. 그러니 미리 이것저것 걱정하지 말고 성의를 담아 정면으로 부딪쳐 봅시다.

작은 행동 하나로
인상이 바뀐다

말솜씨가 서툴러서 인간관계가 제대로 풀리지 않는다는 사람들이 있습니다. 무심코 빠져들게 만드는 말솜씨는 분명 인간적인 매력 중에 하나이지만 말 외에도 몸가짐, 행동처럼 상대와 좋은 인간관계를 맺을 수 있는 방법은 여러 가지입니다.

예를 들어 업무상 서류를 주고받을 때, 한 손으로 주고받는 것과 두 손으로 주고받는 것은 상대가 나의 인상을 결정하는 데 큰 영향을 미칩니다.

"이렇게 사소한 일에도 정중한 사람이라면 분명 평소

에도 행동거지가 바른 사람일 거야."

두 손으로 정중히 서류를 준 행동 하나로 상대에게 좋은 인상을 남긴 것입니다. 그러면 자연스레 상대와의 관계가 좋아지고, 멀찌감치 떨어져 있던 거리가 훌쩍 좁혀집니다.

만약 "전 평소에 예의범절이 무척 바른 편입니다"라고 직접 말하면 상대는 좋은 인상을 받기는커녕 자랑질 심한 사람으로 취급할지 모릅니다. 이처럼 몸가짐이나 행동에는 말보다 더욱 부드럽고 강한 힘이 있습니다.

그 힘에 대해 좀 더 살펴볼까요?

중요한 거래처 사장에게 초대받아 그의 집에 방문했다고 합시다. 집 안으로 들어가면서 자기 신발뿐 아니라 다른 사람의 신발까지 가지런히 정돈한다면 어떨까요? 그 세심한 배려가 상대에게도 자연스레 전달됩니다.

"이렇게 작은 일을 성심껏 하는 사람이라면 우리 일도 믿고 맡겨도 되겠어."

아무래도 사람에게는 정에 좌우되는 면이 있습니다. 비록 이전까지는 사무적으로 얽힌 관계였을지라도, 이후에는 인간적으로 호감을 얻어 더욱 가까운 사이로 바뀔지 모릅니다. 사소한 행동거지 하나로 시작하여 좋은 인연을 만난 것입니다.

선어에 '각하조고(脚下照顧)'라는 말이 있습니다. 자기 발밑을 잘 살피라는 뜻인데, 벗은 신발을 정리하라는 표어로도 종종 쓰입니다. 이 말은 자기 발밑을 주의 깊게 살피는 일이 얼마나 중요한지 가르쳐 줍니다.

발밑을 살피는 것은 곧 땅에 제대로 발을 붙이고 사는 것입니다. 다시 말해, 자연스럽게 신발을 정리할 수 있는 사람은 땅에 제대로 발을 붙이고 살아갈 수 있는 사람입니다. 신발을 가지런히 정돈하는 사소한 몸가짐, 행동거지는 그런 건실하고 아름다운 삶의 방식까지 전달할 수 있습니다.

반대로 누군가를 초대했을 때도 그 '힘'을 보여 줄 수 있는 절호의 기회입니다. 무더운 여름철이라면 현관 신발장 위에 작고 푸른 이파리를 띄운 시원한 물 한 잔을 놓아두면 어떨까요? "더운데 오시느라 고생 많으셨어요. 어서 들어오세요"라는 말보다도 더 진정성 있게 환대하는 마음을 전할 수 있습니다. 상대 역시 그 마음을 느낍니다.

'정말 진심으로 환영해 주는구나. 찾아오길 정말 잘했어! 이토록 배려 깊은 사람을 알게 되다니 기뻐.'

마음이 전달되었으니 관계는 더욱 친밀해지고, 마음과 마음의 거리는 훨씬 좁혀지겠지요. 몸가짐과 행동거지에 숨은 진짜 힘은 바로 거기에 있습니다.

그럼에도 불구하고 어쩐지 서로 안 맞는 것 같은 사람에게는 인사가 더욱 효과적입니다. 지금까지는 변변히 인사를 나누지 않았던 상대일지라도 아침에 얼굴이 마주치면 먼저 "안녕하세요" 하고 인사를 건네세요.

처음에는 상대가 당황해서 제대로 인사를 받아 주지 않을지도 모릅니다. 하지만 계속합니다. 꾸준히 인사하다 보면 반드시 변화가 생기기 마련이니까요. 나중에는 인사를 받아 줄 뿐 아니라 때로는 상대가 먼저 인사말을 건네기도 할 것입니다.

소문에
휘둘리고 있지 않은가?

요즘은 어떤 정보라도 인터넷으로 검색만 하면 손쉽게 알아낼 수 있는 고도 정보화 시대입니다. 정보를 폭넓고 간단하게 얻을 수 있다는 점은 편리성이라는 측면에서는 바람직한 일입니다. 하지만 넘쳐 나는 정보가 판단력을 흐리게 만들어 오히려 고민에 빠지기도 하지요.

예를 들면 건강을 위해 운동을 하려고 마음먹었다고 합시다. 정보를 모으려고 인터넷으로 검색하면 금세 어마어마한 양의 정보가 밀려듭니다. 수영, 에어로빅, 요가, 필라테스 등 건강에 효과가 있다는 수많은 정보 속에서 나에게 딱 맞는 운동을 고르기란 여간 어려운 일이 아닙니다.

'이것도 좋은 것 같고 저것도 괜찮은 것 같아. 아니, 이런 것도 있었네. 그냥 이걸 해 볼까…….'

선택지가 너무 많아서 망설여지고 스스로도 제대로 판단하지 못하는 상황입니다. 완전히 정보에 휘둘리는 모습이지요.

이처럼 인간관계에서도 정보에 휘둘리는 사람들이 많습니다. 사람은 타인에 대해 이러쿵저러쿵 말하고 싶어 하는 존재입니다. 쉽게 말해 남의 소문을 이리저리 옮기며 그런 데서 재미를 느끼고는 하지요.

"영업부 ○○씨, 도박에 빠졌다며? 사채도 어지간히 끌어 썼다나 봐."

"기획팀 △△씨 이야기 들었어? 양다리도 아니고 세 다리를 걸쳤다나?"

입방아에 오르는 것은 대개가 비난입니다. 게다가 이 사람 저 사람으로부터 말이 옮겨 다니면서 도박 중독에 빚이 산더미인 알거지라는 둥 태생적인 바람둥이라는 둥 각종 왜곡과 과장이 따라붙기 시작합니다. 도박 중독자로 소문난 사람이 알고 보니 주말에 취미로 경마를 한 적이 있었을 뿐이고, 아무 하고나 사귄다는 바람둥이는 주위에 이성 친구가 많을 뿐 정작 자신의 연인과는 진지하게 오래 만나는 사람일 수도 있습니다.

옳고 그름을 떠나 소문도 엄연히 정보입니다. 정보의 전파력은 어마어마하며, 타인에 대한 험담이나 욕의 전파 속도는 훨씬 더 빠르지요. 일단 소문이 나면 보통은 누구도 그런 사람과 어울리고 싶지 않겠지요. 되도록 거리를 두어 멀리하고 싶을 것입니다. 근거 없는 정보 하나가 사람과 사람 사이를 그렇게 만듭니다.

다시 말해 상대와의 거리가 쓸데없는 정보에 의해 결정되었고, 나 자신이 정보에 휘둘려서 거리를 제대로 판단하지 못했다는 뜻입니다. 이처럼 정보는 잘못 취하면 상대와 적절한 거리를 결정할 때 방해가 되는 요소로 작용합니다. 그 점을 항상 마음에 새겨 놓아야 합니다.

남에 대한 정보는 항상 경계하는 마음으로 취하시길 바랍니다. 사람을 가려내는 데 믿을 만한 것은 오로지 자신의 눈과 감성뿐이라는 걸 명심하세요.

제6장

좋은 인연을 끌어당기는
사소한 비결

본분을 다하고
현재를 살아가기

우리는 저마다 인생에서 소중하게 생각하는 것들이 있습니다. 일, 돈, 지위, 명예, 가족, 사랑, 행복 등······.

이 중에서 여러분에게 가장 소중한 것은 무엇인가요? 물론 사람은 모두 제각각이라서 우선순위도 저마다 다를 테지만, 위에서 언급한 것들을 이루는 밑바탕에는 한 가지 공통점이 있습니다. 바로 '사람과의 관계'입니다.

우리는 다른 사람과 관계를 맺으면서 일을 하고, 그렇게 해서 돈을 법니다. 지위나 명예도 주변 사람들이나 사회적으로 인정받아야 얻을 수 있는 것들이지요. 가족은 그야말로 인간관계의 가장 기본이자 강력한 형태이며, 사랑이나 행복 역시 사람들과의 관계 속에서 느끼는 감정들입니다.

그렇게 보면 우리의 인생을 지탱하는 소중한 것들의 중심에는 인간관계가 놓여 있는 셈입니다. 중심이 흔들리면 다른 것들도 위태로워지기 마련이지요. 그러니 소중한 것들을 지키고 싶다면, 삶의 중심이 되는 인간관계부터 단단하게 다져야 합니다. 다진다는 말은 좋은 인연을 기꺼이 맺고, 그 인연을 귀하게 지켜 나가야 한다는 뜻입니다.

'선인선과(善因善果)'라는 선어가 있습니다. 선한 일을 하면 좋은 결과가 따라온다는 의미입니다. 이 보편적인 진리는 인간관계에도 적용됩니다. 좋은 인연이라는 '선과'를 얻으려면 '선인'이 필요하지요. 그렇다면 사람과 사람의 관계에서 선인이라 할 만한 것은 무엇일까요?

자신의 본분을 다하는 것, 저는 이것이 선인이라고 생각합니다. 본분을 다한다는 말은 쉽게 말해 내가 해야 할 일을 묵묵히 해 나가는 것입니다.

그러면 이렇게 생각하는 분도 있겠지요.

'회사 일에, 집안일에, 육아에……, 충분히 다 하고 있는데 대체 뭘 더 하라는 거야?'

선에서 말하는 '해야 할 일'은 여러분이 일반적으로 생각하는 일과는 의미가 조금 다릅니다.

선어에 '이금(而今)'이라는 말이 있습니다. '지금'은 가장 중요한 순간이므로 온 힘을 다해, 마음을 담아, 정성껏 지금을 살라는 뜻입니다. 지금 이 순간, 눈앞에 해야 할 일이 있다면 마음을 담아 정성껏 해야 합니다.

회사 일이나 집안일이 바쁠 때 '아, 시간도 없는데 후딱 해서 치워 버려야지'라는 마음으로 하고 있지는 않으신가요? 식사할 때 우리가 해야 할 일은 밥을 먹는 것이므로 마음을 담아 정성껏 밥을 먹습니다. 그래야 비로소 지금 이 순간의 본분을 다하게 됩니다. 마음을 담아 정성껏 차를 마시고, 마음을 담아 정성껏 상대와 이야기를 나누고, 마음을 담아 정성껏 사람들과 어울립니다.

한번 지나간 순간은 결코 되돌아오지 않습니다. 나중에 가서야 후회해 봤자 소용없는 일입니다.

부디 '지금'을 소중히 하세요. 숨을 쉬는 그 순간순간을 열심히 성심껏 살고, 지금 여기 여러분 앞에 놓인 일에 충실하기 바랍니다. 그 자세로 임한다면 좋은 인연은 저절로 찾아옵니다.

에도 시대의 선승 료칸은 이런 말을 남겼습니다.

화무심초접(花無心招蝶) 접무심심화(蝶無心尋花)

이 말은 '꽃은 무심코 나비를 부르고, 나비는 무심코 꽃을 찾는다'라는 뜻입니다. 봄이 오면 봉오리를 터뜨린 꽃 주변으로 나비가 훨훨 날아듭니다. 그러고는 꽃에서 꿀을 받고 꽃가루를 옮기지요. 꽃은 나비에게 꿀을 주기 위해 핀 것이 아닙니다. 그저 봄이 왔으니 꽃을 피운다는 자신의 본분을 다할 뿐입니다.

나비도 마찬가지입니다. 꽃가루를 나르는 자신의 본분을 하고 있을 뿐이지요. 서로가 본분을 다하면서 꽃은 나비에게 꿀을 주고, 나비는 꽃가루를 옮기는 역할을 나누어 맡습니다. 이것이 사람과 사람이 맺는 인간관계의 가장 이상적인 모습이 아닐까요?

　본분을 다하는 사람끼리는 서로 알아보기 마련이고, 반드시 연이 닿습니다. 언제 어디서나 한결같이 각자의 자리에서 본분을 다하기에 서로 도움이 되지요. 그렇게 하면 둘 사이의 거리는 적절하게 들어맞습니다.

아침 30분이 만드는 '자연스러운 나'

제가 늘 강조하는 말이 있습니다.

'아침을 소중히 하자.'

아침 시간을 어떻게 보내느냐에 따라 그날 하루가 완전히 달라지기 때문입니다. 그래서 저는 여러분께 매일 아침 '30분 일찍 일어나기'를 추천합니다. 아침에 30분 일찍 일어나면 하루를 여유롭게 시작하지만, 늦잠을 자면 계속 시간에 쫓기며 허둥지둥 보내고 맙니다.

직장인이라면 아슬아슬한 시간에 간신히 회사에 도착하겠지요. 마음이 급하고 여유가 없으니 책상에 앉아도 한동안 멍하게 있다가 뒤늦게 부랴부랴 업무를 시작합니다. 자료를 급하게 정리하다 보니 준비가 덜 된 채로 업무 관계자들과 만나게 되고, 자신의 의견도 제대로 말하지 못합니다. 협의를 거쳐야 하는 안건에 대해서 주도하기는커녕 상대의 페이스에 말려들고 말지요. 그러면 상대가 정한 거리에 맞춰 일이 진행되므로 자신에게 큰 불이익입니다.

하지만 아침에 30분 일찍 일어나면 상황이 완전히 바뀝니다. 마음을 담아 정성껏 아침을 챙겨 먹고, 느긋하게 커피 한잔을 마시며 출근할 수 있지요. 사무실 책상에 앉아 그날 하루 일정을 미리 확인하고, 신문이나 인터넷으로 필요한 정보를 얻는 등 업무에 필요한 사전 준비도 할 수 있습니다.

아침을 충실하게 보내면 마음이 산뜻하고 평온해져서 인간관계에도 여유가 생깁니다. 이런저런 사람을 만나도 부드럽게 대응할 수 있고, 업무상으로든 사적으로든 새로운 만남에서 자연스러운 내 모습을 보여 줄 수 있습니다. 마음의 여유와 자연스러움은 떼려야 뗄 수 없는 관계이니까요.

'자연스러운 나'로 있다는 것은 좋은 인연을 맺을 준비를 마쳤다는 의미입니다. 쓸데없이 힘을 들이지 않으니 마음과 눈이 맑아져 편견 없이 상대를 받아들입니다. 상대를 세심하게 관찰하고 그의 마음을 헤아려 호감을 얻을 수도 있지요.

자, 어떤가요? 30분 일찍 일어나 아침 시간을 알차게 활용하는 것, 아침을 의미 있게 보내는 것이야말로 삶을 활기차게 바꾸고 좋은 인연을 맺는 비결이라고 생각되지 않나요?

지금 당장 실천하기 힘들다면 우선 일주일 동안만이라도 일찍 일어나는 연습을 해 보세요. 일주일만 꾸준히 실천한다면 그다음 일주일은 훨씬 더 수월하게 일어날 수 있을 것입니다. 그렇게 한 달, 석 달, 여섯 달……, 시간이 지나면 어느덧 습관이 배어 결국 인생 전체가 행복해지는 흐름이 만들어집니다.

마음의 먼지를 털어 내는
아침 청소의 힘

아침에 꼭 했으면 하는 일 가운데 하나를 꼽자면 바로 '청소'입니다. 그러면 대부분 사람이 '세수할 시간도 없는데 청소를 하라고?' 하는 반응을 보일 것입니다. 흔히 청소는 바쁜 평일보다는 주말에 한꺼번에 몰아서 하는 경우가 많으니까요.

하지만 제가 제안하는 방법은 시간이 걸리는 그런 거창한 청소가 아닙니다. 매일 아침 10분 동안 작은 구역을 딱 한 곳만 정해서 청소하면 됩니다. 예를 들어, 월요일은 현관, 화요일은 화장대, 수요일은 화장실……, 이런 식으로 정하면 청소에 걸리는 시간은 하루에 단 10분이면 충분합니다.

청소는 단순히 그 장소를 깨끗하게 하는 데서 끝나는 게 아닙니다. 선에서는 먼지를 털어 내는 일이 곧 마음의 먼지를 털어 내는 일이며, 먼지를 닦는 일은 곧 마음의 먼지를 닦는 일이라고 생각합니다. 다시 말해 청소는 좌선과도 같은 마음의 수행입니다.

사람은 본래 얼룩 한 점도, 먼지 하나도 없는 깨끗하고 맑은 마음을 지니고 태어납니다. 하지만 하루하루 많은 사람과 얽히면서 욕심과 망상, 집착 등 '번뇌'가 마음에 먼지로 쌓이고 맙니다. 그러니 자신의 마음에 묻은 얼룩이나 먼지를 털어 내야 하는데, 그 작업이 바로 '청소'입니다. 청소를 '마음의 먼지를 털어 내는 일이다', '마음을 깨끗이 닦는 일이다'라는 생각으로 하면 허투루 할 수 없습니다. 마음을 담아서 정성껏 하게 되지요.

생활 공간을 깨끗하게 하면 마음이 정돈되고 기분도 좋아집니다. 이처럼 상쾌한 기분으로 하루를 시작하는 것은 인간관계를 맺는 데도 아주 중요합니다.

우리는 나와 타인을 볼 때 '심안', 즉 마음의 눈으로 상대를 보고 그와의 거리를 재는데, 마음의 눈이 맑으면 좋은 인연을 알아볼 가능성이 높습니다. 때와 장소, 상황에 따라 상대와 얼마나 거리를 두어야 적절한지 제대로 가늠할 수 있기 때문입니다.

마음의 눈이 흐리면 거리감을 잘못 재고 맙니다. 그러면 그 사람과의 관계가 어쩐지 거북하고 불편하게 느껴지지요. 기껏 연이 닿아 만났건만 눈앞에서 좋은 인연을 놓치고 마는 셈입니다.

또한 아침을 허둥지둥 보내면 마음이 어수선해서 종일 조바심이 나거나 안절부절못할 수도 있습니다. 마음이 흐트러져서 당연히 인간관계에도 나쁜 영향을 줍니다. 가령, 상대가 던진 대수롭지 않은 말에 감정이 상하기도 하고, 반대로 상대에게 생각 없이 말을 내뱉기도 합니다. 찰나의 감정적인 대응 하나로 한순간에 어긋나는 것이 바로 인간관계입니다.

그러니 이제부터라도 아침에 일찍 일어나 청소를 해보면 어떨까요?

창문을 모두 열고 신선한 공기를 방으로 들인 다음, 크게 심호흡한 뒤 청소를 시작해 봅시다. 쌓인 먼지를 털어 낸 뒤, 깨끗해진 마음으로 먹는 아침식사는 분명 전보다 훨씬 더 맛있겠지요. 이렇게 시작한 하루는 여러분에게 좋은 인연을 끌어다 줄 것입니다.

합장,
마음을 하나로 모으는 의식

옛날부터 일본 가정에는 돌아가신 분들의 불단을 만들어 놓고 온 가족이 그 앞에 앉아 향을 올린 다음 조용히 두 손을 모아 기도하는 풍습이 있습니다. 이를 '합장'이라고 하는데, 지금은 보기 드물지만 예전에는 가족이 모여 치르는 일종의 아침 규칙이었습니다.

합장에는 특별한 의미가 담겨 있습니다. 오른손은 상대의 마음, 왼손은 내 마음입니다. 그래서 두 손을 공손히 모으는 일은 상대와 마음을 하나로 합한다는 뜻이지요.

특히 불단 앞에서 하는 합장은 마음을 하나로 모아 돌

아가신 분들에게 '생명을 주신 덕분에 오늘도 무사히 아침을 맞이할 수 있어 감사하다'고 인사하는 행위입니다. 합장을 통해 돌아가신 분을 기리고, 그들을 공경하는 마음을 기를 수 있지요.

아침에 하는 합장은 마음을 기르는 소중한 시간이기도 합니다.

"언제나 감사합니다. 오늘 하루도 열심히 살겠습니다. 부디 지켜봐 주세요."

이렇게 합장을 하고 난 뒤 하루를 시작하면 마음이 평온해지고 번뇌에 대한 내성이 생깁니다. 예전이었다면 화가 울컥 치밀었을 일도 한 번 더 참게 되고, 모든 걸 내려놓고 싶은 순간이 와도 마음을 다잡고 버티는 힘이 생깁니다.

선어에 '유연심(柔軟心)'이란 말이 있습니다. 글자 그대로 유연한 마음을 뜻하지요. 합장은 내 안의 유연심을 단련하는 일이기도 합니다.

부드럽고 나긋나긋한 마음은 인간관계에 탄력을 가져다줍니다. 관계가 삐걱대더라도 재빠르게 복원할 수 있고, 일그러진 데가 생겨도 금세 원래 상태로 돌아옵니다. 또 매일 아침 조상에게 감사하는 마음은 원활한 인간관계로도 이어집니다. 함께 일을 할 수 있어서, 친구로 지내주어서 고맙다는 마음으로 상대를 대하기 때문이지요.

감사하는 마음이 바탕에 있으면 어떤 거리에 놓인 상대라도 꾸밈없이 대범하게 받아들일 수 있다는 것을 명심하세요.

마음을 담아
손편지를 써 보자

용건을 전하기 위해 메일을 사용하는 것은 좋습니다. 하지만 메일로는 전해지지 않는 것이 있고, 또 전해서는 안 되는 것도 있습니다.

가령, 상대에게 부탁하거나 사과를 전해야 하는 상황이라면 어떨까요?

"지난번에는 제 실수로 큰 폐를 끼쳤습니다. 정말로 죄송합니다."

이런 사과문을 메일로 받게 되면 상대가 아무리 마음이 넓은 사람이라도 기분이 불쾌해집니다.

"달랑 메일 하나 보내 놓고 사과라고? 이렇게 하면 내가 받아 줄 거라 생각했나? 도대체 사회생활을 어떻게 하는 거야!"

사과는커녕 오히려 화를 부채질하는 격입니다. 비록 지금까지는 좋은 거리를 유지해 왔더라도 이후부터는 관계가 악화될 수밖에 없습니다.

정보를 전달하거나 업무상 연락을 취해야 할 때는 메일이 편하고 빠르겠지만 사람의 마음이나 감정은 결코 메일로 전해지지 않고, 전할 수도 없습니다. 특히 사과를 할 때처럼 상대에게 나의 감정을 전해야 할 경우에는 더욱 위험합니다.

가장 좋은 방법은 직접 찾아가는 일이지만 상대가 먼 곳에 있다면 어렵겠지요. 그럴 때는 우선 전화로 사과의 뜻을 전한 다음, '편지'를 씁니다. 손으로 직접 한 글자, 한 글자 정성을 담아서 눌러 씁니다. 어떻게 해야 마음이 전해질지 생각을 거듭한 뒤에 적절한 말을 골라 글로 옮겨 적고, 한 번 더 읽어 보며 퇴고합니다. 시간과 노력을 들여야 글에 생각이 담깁니다.

'찾아가지 못할 바에야 전화로 직접 말하는 게 낫겠다'
고 생각하는 사람도 있겠지요. 어느 정도 일리 있는 말이
지만 전화상으로 세세한 감정까지 전할 수 있을까요?

'사과의 마음'을 전할 때는 목소리보다 진심을 담아
쓴 손편지가 더욱 유용합니다. 생각을 미처 정리하지도
못한 채 상대와 통화를 하면 정작 사과는 하지도 못하고
"죄송합니다"만 되풀이하는 상황이 벌어질 수도 있으니
까요.

소중한 사람을 여의고 슬퍼하는 친구나 개인적인 이유
로 근심에 빠진 지인을 위로하고 싶을 때도 무작정 찾아
가거나 전화를 하기보다 편지를 써 보기 바랍니다.

우리는 상대가 지금 어떤 심경인지 잘 모릅니다. 슬픔
이 깊어 누구와도 이야기할 마음의 여유조차 없거나 혼
자서 생각하는 시간을 가지고 싶어 할 수도 있습니다. 그
럴 때 느닷없이 찾아가거나 전화를 한다면 상대는 마음
에 부담을 느낍니다. 편지라면 그런 걱정이 없을 뿐더러
진심 어린 글이야말로 곁에 두고두고 읽을 때마다 위로
가 되어 줄 것입니다.

실제로도 자신이 가장 힘들고 어려울 때 누군가 보내준 편지 한 통을 평생 소중하게 간직하는 사람들이 많습니다. 그리고 인생의 위기가 찾아올 때마다 그 편지를 읽으며 마음의 위안을 얻고 다시 일어서기도 합니다.

이처럼 편지에는 전화나 메일이 할 수 없는 위대하고 강력한 힘이 존재합니다. 급격한 정보화로 편리한 통신 수단들이 생겨난 요즘, 내 주변의 소중한 사람들에게 편지 한 통으로 마음을 전해 보는 것은 어떨까요?

약점을
애써 숨기지 말자

우리는 흔히 상대와 만날 때 자신의 약점을 드러내지 않으려고 애를 씁니다. 이것은 '자기 방어 본능'에서 비롯됩니다. 자신을 방어하기 위해 약점을 숨기는 것이지요. 하지만 약점을 숨기는 것이 정말 자기 자신을 지키는 일일까요?

예를 들어 거래처 직원과 해외 사업에 대한 이야기를 나누던 도중 상대가 "영어 좀 하시나요?"라고 물어봤을 때, 솔직하게 "아니요" 하기보다는 "아, 예. 좀⋯⋯"이라는 식으로 답을 흐렸다고 합시다. 이렇게 애매모호하게 대답을 하면 상대는 자기 마음대로 해석을 하고, '이 사람은 영어를 꽤 잘하구나'라고 받아들일지도 모릅니다.

나중에 상대가 이런 이야기를 꺼내면 어떨까요?

"미국에서 바이어가 왔는데, 한번 만나보지 않으시겠어요? 진행하시는 사업에 도움이 될 것 같아서요."

제안을 수락하면 약점이 드러날 테고, 거절하면 기회를 놓치게 되는 고민스러운 상황입니다. 약점을 숨겼더니 자기 자신을 지킨 게 아니라 오히려 궁지로 몰아세운 꼴이 되어 버렸지요.

다른 예를 들어 볼까요? 새로 가입한 지역 모임에서 회원끼리 모여 식사할 기회가 생겼다고 합시다.

'프랑스 정통 레스토랑에 간다고? 테이블 매너도 모르는데 큰일이네. 괜히 갔다가 망신만 당하면 어쩌지.'

약점을 드러내기 싫어서 핑계를 대고 모임에 나가지 않습니다. 그러면 함께 식사를 하며 친목을 다질 기회를 놓치게 되고, 새삼 자신이 한심하고 창피하게 느껴지기도 할 것입니다.

앞서도 이야기했지만 '약점이 있는 나'도 그대로의 나

입니다. 나는 나로서 절대적인 존재이므로 있는 그대로를 보여 주면 그만입니다.

이를테면 상대가 "영어 좀 하시나요?"라고 물어 왔을 때 "아니요, 공부를 안 했더니 외국인만 보면 긴장합니다"라는 식으로 솔직하게 대답합니다. 그래야 상대가 외국 바이어와의 미팅 이야기를 꺼내면서 "제가 대신 통역해 드릴 테니 꼭 오세요"라는 말을 덧붙이겠지요.

지역 모임의 사례도 "저는 프랑스 테이블 매너를 잘 모르는데 괜찮을까요?" 하고 말하면, "그럼요, 상관없어요. 그냥 절 보고 따라 하시면 돼요"라는 식으로 풀립니다.

약점을 보여 준다고 해서 자신의 부족함을 남에게 드러내는 것은 아닙니다. 오히려 상대는 약점을 순순히 인정하는 솔직하고 떳떳한 태도에 호감을 느낄 것입니다. 그러면 거리가 가까워지고, 상대의 마음을 단번에 끌어당길 수 있습니다. 아무래도 사람은 약점을 보여 주는 상대에게 마음이 기울기 마련이니까요.

좋은 인연을 부르는
사소한 행동

혹시 여러분은 어떤 사람을 만났을 때 인간적인 매력을 느끼나요?

'십인십색(十人十色)'이라는 말처럼 사람은 저마다 성격과 개성이 달라서 자세히 들여다보면 누구나 매력적인 부분을 한 가지쯤은 지닙니다. 당차고 야무진 사람, 차분하고 마음이 너그러운 사람, 세심하고 꼼꼼한 사람 등 가치관에 따라 어떤 사람에게 끌리느냐는 다르겠지요.

하지만 저는 그중에서도 행동거지가 바르고 아름다운 사람이야말로 진짜 매력적인 사람이 아닐까 생각합니다.

행동거지가 바른 사람은 마음도 아름답습니다. 마음이 맑고 행동이 바른 사람은 누구든지 가까워지고 싶기 마련입니다.

다도 예법은 올바른 행동거지를 배우는 좋은 예입니다. 한 잔의 차를 달여 내기 위해 움직이는 모든 동작이 군더더기가 없고, 마치 맑게 흐르는 시냇물처럼 자연스럽습니다. 선이 지닌 아름다움에 빗대어 말하자면, '간소'하고 '자연'스럽다고 할까요?

간소함과 자연스러움은 행동거지를 바르게 하기 위해 필요한 조건입니다. 예를 들어 잘 보이고 싶은 상대와의 만남을 앞두고, '고상하고 우아하게 보여야 해' 하는 생각이 들 때가 있지요. 이런 작위적인 마음이 쓸데없는 동작으로 이어져 자연스러움을 잃게 합니다. 고상하긴 해도 어딘가 어색하고, 우아한 듯 보여도 영 부자연스럽지요. 상대도 당연히 느낍니다. 그러면 '왜 이렇게 고상한 척을 하는 거지. 거 참 부담스러워 죽겠네' 하면서 거리를 벌리려 하겠지요.

그래도 간소하고 자연스러운 행동거지가 어렵게 느껴

진다면, 다음 두 가지를 마음에 두고 행동하세요. 바로 앞서 말했던 '마음을 담아', '정성껏'입니다.

다도 예법 역시 '마음을 담아', '정성껏'이라는 태도가 바탕이기에 그 움직임이 아름다운 것입니다.

'여기까지 찾아 주셨으니 정성을 다해 맛있는 차를 대접해야지.'

그저 한결같이 이 생각만으로 몸을 움직입니다. 움직임에 마음이 깃들어 있으니 동작 하나하나가 정성스럽습니다. 간소하고 자연스럽지요. 그래서 아름답습니다.

선에는 '삼업을 가다듬는다'라는 가르침이 있습니다. 삼업이란 신업(身業), 구업(口業), 의업(意業)을 가리킵니다. 신(身)은 몸, 구(口)는 말, 의(意)는 마음이지요. 다시 말해 신업을 가다듬는다는 것은 행동거지를 바르게 하는 일이고, 구업을 가다듬는다는 것은 말을 아름답게 쓰는 일이며, 의업을 가다듬는다는 것은 마음을 어디에도 얽매이지 않고 자유롭게 하는 일입니다.

하나도 충분히 벅찬데 무려 삼업을 가다듬어야 한다니 어쩐지 부담스럽게 느껴질 수도 있겠습니다.

사실 삼업은 서로 깊이 연관되어 있습니다. 행동거지를 가다듬으면, 즉 행동거지를 바르게 하면 자연스럽게 말도 아름다워지고 마음도 정돈됩니다.

예를 들어 누군가를 위해 마음을 담아 정성껏 요리를 한다고 합시다. 그 요리를 내었을 때 "이거나 먹어"라고 거칠게 말하는 사람이 있을까요? 그렇지는 않겠지요. "맛있게 드세요"라고 말할 것입니다. 바른 행동거지는 아름다운 말을 이끌어 냅니다. 두 가지가 모이면 당연히 마음도 아름다워집니다.

이제 행동거지가 바른 사람이 왜 매력적인 사람인지 아시겠나요?

'바른 행동거지는 아름다운 말을 부르고, 아름다운 말은 자유로운 마음을 부른다'라는 법칙을 늘 기억하세요. 그리고 일상생활 속에서 자꾸 실천하도록 노력해 보시기 바랍니다.

자연을 느끼는
시간을 가져 보자

'일단 만나서 풀자고 할까. 어쩌면 좋지……'

우리는 누군가와 관계가 틀어지면 어떻게 회복할 수 있을지 고민합니다. 머리를 굴려 보지만 이러지도 저러지도 못하고 혼자 끙끙 앓다가 끝나는 경우가 많지요. 도무지 해결책이 보이지 않을 때는 깊이 생각해 봐야 헛수고입니다. 생각할수록 제자리만 맴돌 뿐이니까요.

이럴 때 가장 좋은 방법은 일단 그 문제에서 멀어지고, 마음을 비우는 겁니다. 그래서 저는 여러분께 '자연을 느끼는 시간'을 가지라고 권하고 싶습니다.

도시에서 생활하는 사람들은 자연을 만끽하는 게 좀처럼 쉬운 일이 아닙니다. 하지만 시간을 내어 멀리 나가지 않더라도 도심 속 공원이나 선사에 가면 충분히 자연을 느낄 수 있습니다.

자연을 느끼면 무언가 빽빽하게 들어서고 복잡하게 얽혀 있던 마음이 씻기는 듯한 기분이 듭니다. 자연이 마음을 후련하게 비워 주니까요. 어쩌면 요즘 사람들은 자연과 접할 일이 거의 없어 갑갑한 마음으로 서로를 대하기 때문에 문제가 생기는 건 아닐까요?

봄이면 꽃이 피고 나무와 풀이 싹을 틔웁니다. 가을이면 나무에 달린 푸른 잎들이 울긋불긋 물들다 이윽고 떨어져 대지로 돌아갑니다. 계절의 변화를 그대로 받아들이고, 마땅히 해야 한다는 듯이 자신도 변해 갑니다. 그때그때 있는 그대로의 모습을 드러낼 뿐입니다. 자연에는 어디에도 꿍꿍이가 없습니다.

자연 속에 있으면 그 모습을 따라서 나의 마음에 가득 찼던 고민과 걱정을 하나씩 버려 갑니다. 마음이 씻기고 텅 빈 느낌이 든 이유도 그 때문이지요.

일찍이 도겐 선사는 이렇게 읊었습니다.

산봉우리의 색, 계곡의 물소리가
모두 석가모니의 목소리요, 모습이니.

여기서 '산봉우리의 색', '계곡의 물소리'는 자연을 상징합니다. 자연의 모습 그대로가 석가모니의 목소리요, 모습이라는 뜻입니다. 자연을 느낀다는 것은 석가모니의 목소리를 듣고, 그와 만나는 일이기도 합니다. 그러니 복잡하고 괴로운 마음에 이만큼 탁월한 처방전이 또 있을까요?

마음을 비우고 새로운 기분으로 상대를 만나면, 그와의 거리는 저절로 알맞게 바뀝니다. 마음은 상대와 아무리 관계가 잠시 틀어져도 다시 원래의 거리로 돌아가게 만드는 자동 조정 능력을 지녔기 때문입니다. 다만, 고민이나 걱정으로 가득 찬 마음에서는 그 능력이 제대로 발휘되지 않을 뿐입니다.

또한 자연을 느끼는 일은 감성과 감각을 풍요롭게 만

듭니다. 선명하게 푸른 나뭇잎과 작은 새들의 지저귐, 상쾌한 풀 내음, 바람의 감촉 등 시각부터 청각, 후각, 촉각, 미각까지 자연은 오감에 기분 좋은 자극을 선사하지요.

옛날 사람들은 사계절의 변화를 관찰하고 경험하면서 섬세한 감성을 키우고 자연과 함께 살아가는 지혜를 길러 왔습니다.

'꽃봉오리가 제법 벌어졌구나. 벌써 봄이 다가오네.'

'볕이 꽤 따가운 걸 보니 슬슬 여름이로군.'

'바람이 제법 쌀쌀한데? 이제 곧 가을이 오려나 봐.'

'공기가 차갑네. 올 겨울은 유독 춥겠어.'

감성이 예리한 사람은 상대의 사소한 말과 행동만 보고도 그 속마음을 금세 알아차립니다. 이를테면 이야기를 나누던 도중 시계를 힐끗거리는 상대를 보고 '아, 이 사람 다음 일정이 있구나' 하고 자리를 마무리 지어 상대를 배려합니다.

같은 상황에서 상대가 먼저 "죄송하지만 다른 일정이 있어서 먼저 일어나겠습니다" 하고 이야기를 꺼낸 뒤에야 "아, 그러셨군요"라고 대응하는 것과는 큰 차이입니다. 당연히 전자의 경우가 상대로부터 호감을 얻겠지요.

일본의 천하통일을 눈앞에 둔 도요토미 히데요시의 일화입니다. 히데요시가 매 사냥을 하던 도중에 목을 축이기 위해 한 절에 방문했습니다. 차를 내오라는 히데요시에게 절에 있던 소년이 큰 찻잔에 담긴 차를 가지고 왔습니다. 찻잔에는 미지근한 차가 넘칠 만큼 가득 담겨 있었지요. 목이 말랐던 히데요시는 단숨에 마시고는 한 잔을 더 청하였습니다. 이번에 소년은 조금 작은 찻잔에 약간 따끈한 차를 담아서 가지고 왔습니다. 역시 히데요시는 차를 마시고 마지막으로 한 잔을 더 요청했지요.

잠시 후, 소년은 더 작은 찻잔에 뜨거운 차를 담아 히데요시 앞에 놓았습니다. 천천히 차를 마신 히데요시는 소년의 기지에 크게 감탄했습니다.

첫 번째는 단숨에 마실 수 있도록 큰 잔에 미지근한 차를, 두 번째는 차를 즐기며 마실 수 있도록 조금 작은 잔에 따끈한 차를, 세 번째는 맛을 천천히 음미하며 마시도록 더 작은 잔에 뜨거운 차를 내오며, 히데요시의 마음을 헤아려 읽은 것입니다.

히데요시는 그 소년을 자신의 밑에서 일하게 하였습니다. 이 이야기가 바로 그 유명한 '세 번 올린 차'이며, 이소년이 바로 이시다 미츠나리입니다. 이시다 미츠나리는예리한 감성 덕분에 기지 넘치는 행동을 하였고, 자신에게 기회가 되는 좋은 인연을 맺을 수 있었습니다. 감성이둔했다면 상상도 하지 못했을 인연입니다.

거듭 말하지만 상대의 마음을 헤아리는 것은 감성입니다. 그러니 시간을 내어서라도 밖으로 나와 자연과 교감하는 시간을 가지시길 바랍니다. 자연 속에서 감성을 잘갈고닦아 놓으면, 이시다 미츠나리처럼 여러분도 인생의귀한 인연이 찾아왔을 때 그를 놓치지 않을 것입니다.

화무심초접 (花無心招蝶)	꽃은 무심코 나비를 부르고,
접무심심화 (蝶無心尋花)	나비는 무심코 꽃을 찾는다.

살짝 떨어진 자리에서 서로 본분을 다할 때,

연(緣)은 반드시 닿기 마련입니다.

여러분도 그런 소중한 인연을 만드시길 바랍니다.

기분 좋은 인간관계가
인생의 흐름을 바꾼다

인생의 참맛은 사람과의 관계에 있습니다. 기분 좋고 행복한 관계, 서로가 서로에게 충실한 관계, 그런 인간관계를 맺을 수 있느냐 없느냐로 인생은 크게 달라집니다.

'생각해 보니 상대에게 휘둘리는 관계가 많았어.'

'어쩐지 인간관계가 곧잘 엉켰어.'

지금까지의 인간관계를 돌이켜 보았을 때 그런 생각이 들지도 모릅니다. 하지만 이제부터는 다릅니다. 여러분은 이미 인생을 풍요롭게 하고, 인생에 재미를 더하는 인간관계의 지혜와 방법을 손에 넣었습니다.

이제 현실에서 맞닥뜨리는 여러 상황에서 써 봅시다. 여러분이 주체가 되어 아름다운 관계를 주도적으로 만들어 가세요. 주변 사람들과 가슴 뛰는 관계를 쌓아 가세요.

기분 좋은 관계는 인생을 밝고 풍요롭게 만듭니다. 멋진 관계는 인생에 기쁨을 안깁니다. 서로 행복을 느끼는 관계는 살아갈 의욕으로 이어집니다. 알차고 굳건한 관계는 서로가 성장할 수 있도록 이끕니다.

인생은 길다지만 주어진 시간에는 한계가 있습니다. 조금도 헛되이 써서는 안 됩니다. 지금이라도 한걸음 내딛읍시다. 그 첫걸음이 다음 걸음으로 이어지고 이어져, 인생을 풍요롭고 아름답게 바꿀 것입니다.

'아아, 사람과 사람의 관계란 얼마나 멋진가!'

여러분이 그렇게 느끼는 날이 오기를 진심으로 바랍니다.

겐코지 처소에서
마스노 슌묘

옮긴이 전선영

한국외국어대학교 일본어과를 졸업했다. 바른번역 출판번역 아카데미에서 일본어 과정을 수료하고 현재 전문번역가로 활동하고 있다. 옮긴 책으로는 『감정적으로 받아들이지 않는 연습』, 『쓸데없는 걱정 따위』, 『작지 않은 작은 집』, 『철학 비타민』, 『진짜 채소는 그렇게 푸르지 않다』 등 다수가 있다.

살짝 떨어져
사는 연습

초판 1쇄 발행 2018년 10월 10일
초판 2쇄 발행 2018년 10월 29일

지은이 마스노 슌묘
옮긴이 전선영
펴낸이 김선준

책임편집 김수나
편집팀장 마수미 **편집팀** 문주영, 채윤지
디자인 김미령, 디자인 쓰봉
마케팅 오창록

펴낸곳 포레스트북스 **출판등록** 2017년 9월 15일 제 2017-000326호
주소 서울시 마포구 동교로 64-9 2층
전화 02) 332-5855 **팩스** 02) 332-5856
홈페이지 www.forestbooks.co.kr **이메일** forest@forestbooks.co.kr
종이·출력·인쇄·후가공·제본 (주)현문

ISBN 979-11-964152-8-0 (03190)

· 책값은 뒤표지에 있습니다.
· 파본은 구입하신 서점에서 교환해드립니다.
· 이 책은 저작권법에 의하여 보호를 받는 저작물이므로 무단 전재와 복제를 금합니다.
· 도서의 국립중앙도서관 출판예정도서목록(CIP)은 서지정보유통지원시스템 홈페이지(http://seoji.nl.go.
  kr)와 국가자료공동목록시스템 (http://www.nl.go.kr/kolisnet)에서 이용하실 수 있습니다.
  (CIP제어번호: CIP2018029073)

포레스트북스(FORESTBOOKS)는 독자 여러분의 책에 관한 아이디어와 원고 투고를 기다리고 있습니다. 책 출간을 원하시는 분은 이메일 writer@forestbooks.co.kr로 간단한 개요와 취지, 연락처 등을 보내주세요. '독자의 꿈이 이뤄지는 숲, 포레스트북스'에서 작가의 꿈을 이루세요.